Mittelmeerkreuzfahrt
Östlicher Teil

MERIAN-**TopTen**

Höhepunkte, die Sie unbedingt sehen sollten

1 Guggenheim Collection, Venedig
Eine der weltweit bedeutendsten Sammlungen moderner Kunst, zusammengetragen von der amerikanischen Mäzenin Peggy Guggenheim (→ S. 38).

2 Hagar Qim, Malta
Einmalig: Tempelanlage vor herrlicher Naturkulisse mit Blick auf das Meer (→ S. 49).

3 Mdina, Malta
Die »stille Stadt« lädt zum Bummel durch ihre mittelalterlichen Gassen (→ S. 50).

4 Sisis Achilleion, Korfu
Kaiserin Elisabeths Ferienschloss zählt zu den Topattraktionen Korfus (→ S. 61).

5 Akropolis-Museum, Athen
Der neue Museumsbau bietet einen spektakulären Rahmen für die Highlights antiker Kunst (→ S. 69).

6 Palast von Knossós, Kreta
Die in Fachkreisen umstrittene Rekonstruktion entführt den Besucher in längst vergangene Zeiten (→ S. 80).

7 Akropolis in Líndos, Rhodos
Die kleine rhodische Schwester der Athener Akropolis ist nicht minder eindrucksvoll (→ S. 85).

8 Hagia Sophia, Istanbul
Die gewaltige byzantinische Kirche (erbaut 537) ist seit Jahrhunderten das prächtige Symbol der Stadt (→ S. 88).

9 Pyramiden von Giza, Kairo
Zweifellos der architektonische Höhepunkt des ägyptischen Pharaonenreichs (→ S. 102).

10 Mumiensaal des Ägyptischen Nationalmuseums, Kairo
Der »Club der toten Pharaonen« wurde computertomografisch untersucht (→ S. 104).

MERIAN-Tipps ····▷
finden Sie auf Seite 160

Inhalt

Erläuterung der Symbole

Für Familien mit Kindern
besonders geeignet

*Preise für ein Menü
ohne Getränke:*

●●●● *ab 35 €*   ●● *ab 13 €*
●●● *ab 20 €*   ● *bis 13 €*

10 MERIAN-TopTen
*Höhepunkte rund um das öst-
liche Mittelmeer, die Sie unbedingt sehen sollten*
←···· S. 1

10 MERIAN-Tipps
*Tipps und Empfehlungen für
Kenner und Individualisten*
S. 160 ····→

Karten und Pläne

*Die Buchstaben-Zahlen-Kombinationen
im Text verweisen auf die Planquadrate
der Karten, z. B.*

→ S. 144, C 3   Kartenatlas
→ S. 99, c 2   Detailkarte innen

Mit Faltkarte

···> S. 19

MERIAN *live!*-QUIZ
presented by **OLYMPUS**

Das östliche Mittelmeer stellt sich vor

Tiefblau das Meer, üppig grün die Bäume und Sträucher, als rote und weiße Farbtupfer eingestreut die Häuser – so präsentiert sich die mediterrane Landschaft an den Nordufern des Binnenmeers, wie hier vor der dalmatinischen Küste.

Das östliche Mittelmeer verbindet die drei Kontinente Europa, Afrika und Asien. Über 150 bewohnte Inseln sind dazwischen eingestreut, Land ist fast immer in Sicht.

Leinen los und fertig zum Auslaufen: Die meisten Kreuzfahrten ins östliche Mittelmeer starten in Venedig, Triest oder Genua und nehmen die Passagiere mit auf eine Reise, die sie in der Geschichte gleichsam rückwärts führt. Über Malta oder durch das Adriatische Meer mit ihren reizvollen kroatischen Küstenstädten Split und Dubrovnik geht es nach Griechenland und damit zum Ursprung der abendländischen Kultur. Hier, in Athen, wurden vor etwa 2500 Jahren die Grundlagen für das europäische Theater, die abendländische Kunst, Philosophie und die Naturwissenschaften gelegt – und nicht zuletzt für die Demokratie.

Eine Kreuzfahrt in **Venedig** zu beginnen oder enden zu lassen gehört sicherlich zu den schönsten Erlebnissen überhaupt, die eine Seereise bieten kann. Auf dem Weg vom Kreuzfahrt-Terminal zur Lagune und auf die offene Adria hinaus passiert das Schiff den Markusplatz mit Campanile und Dogenpalast, von Gondeln

Venedig – Seefahrerstadt mit langer Tradition

und Fähren winken die Menschen tief unten zu. Die Lagunenstadt bleibt, immer kleiner werdend, vom Heck aus noch lange zu sehen: Was mögen die Kaufleute, Seemänner, Soldaten und Galeerensklaven früherer Zeiten wohl bei diesem Anblick gedacht und gefühlt haben?

Schon nach wenigen Meilen vereint sich die Wasserstraße mit der aus **Triest**. Die heutige Hauptstadt Friaul-Venetiens war etwa 500 Jahre lang Österreichs Zugang zum Meer, die prächtige Architektur der Habsburger vermischt sich hier mit antiken römischen und modernen mediterranen Elementen. Einen letzten Gruß sendet der markante Leuchtturm Faro della Vittoria den auslaufenden Schiffen hinterher, die über die Adria südwärts streben.

Fast die gesamte Küste des ehemaligen Jugoslawien und die ihr vorgelagerten Inseln gehören heute zu **Kroatien**. Zwei Häfen wetteifern hier um die Gunst der Kreuzfahrtreede-

Kurs auf die kroatische Küste

reien. **Split**, die nach Zagreb zweitgrößte Stadt Kroatiens, wird durch die großen Inseln Hvar, Brač und Rogač von der offenen See abgeschirmt. Schon beim Einlaufen in den Hafen sieht man die eindrucksvollen Mauern des antiken Diokletian-Palastes aus der Zeit um 300, die 18 Meter hoch und bis zu 2 Meter dick sind. Innerhalb dieses Palastes spielt sich das Altstadtleben zwischen Terrassencafés und der Kathedrale Sveti Duje ab. Auf dem Weg von Split nach Dubrovnik passiert das Schiff die Inseln Korčula und Mljet, bevor es im abseits der Altstadt gelegenen Hafen von **Dubrovnik** festmacht. Das einstige Ragusa ist gänzlich von einer mittelalterlichen Mauer umgeben und zählt zum UNESCO-Weltkulturerbe. Die meisten ihrer historischen Gebäude stammen aus dem 12. bis 17. Jahrhundert und sind nach schwerem Beschuss im Bürgerkrieg 1991/92 inzwischen aufwändig restauriert worden.

Am gegenüberliegenden italienischen Ufer spielt Apuliens Hauptstadt **Bari** für Seeleute eine ganz besondere Rolle. Hier werden in der normannischen Basilika San Nicola seit 1087 die Gebeine des hl. Nikolaus, des Schutzheiligen der Kinder, der Fischer und aller Seereisenden, als Reliquie verehrt. Das Ausflugsziel schlechthin in der Nähe der Stadt ist die mächtige Burg Castel del Monte, der besterhaltene Profanbau aus der Zeit Kaiser Friedrich II.

Zur Inselrepublik **Malta** gehört nicht nur die Hauptinsel Malta, sondern auch das kleinere Inselduo Gozo und Comino, die man vom Schiff aus gut sieht. Der moderne Kreuzfahrt-Terminal ist unmittelbar unterhalb der Festungsmauern La Vallettas im historischen Grand Harbour errichtet worden; Linienbusse bringen die Passagiere schnell und äußerst preiswert in Maltas 450 Jahre alte Hauptstadt hinauf. Statt sich der barocken Pracht der Ritterarchitektur zu widmen, kann man aber auch ganz weit in der Geschichte zurückreisen und die jungsteinzeitlichen Tempel von Tarxien, Hagar Qim und Mnajdra besuchen. Sie sind Europas mächtigste Megalithbauten, erbaut ohne Metallwerkzeuge vor über 5000 Jahren.

Südlich von Bari und Dubrovnik geht das Adriatische ins Ionische Meer über, von Malta aus sind die griechischen Gewässer einen entspannten Seetag entfernt. Im Ionischen Meer begrüßt **Korfu** den Reisenden als erste griechische Insel. Der Passagierterminal liegt am Rande der Stadt, nur fünf Bus- oder Taximinuten von der faszinierenden Altstadt entfernt. Millionen von Ölbäumen bedecken die Insel, die anders als das übrige Griechenland nie Teil des Osmanischen Reichs wurde, sondern vom 13. Jahrhundert an über 500 Jahre lang von Venedig regiert wurde. Von Arkaden gesäumt, mit Marmor gepflasterte Gassen bilden die Hauptachsen im historischen Häusermeer zwischen zwei mächtigen Burgen; in den ersten 60 Jahren des 19. Jahrhunderts setzten Briten

In griechischen Gewässern

und Franzosen weitere architektonische Tupfer ins homogene Stadtbild. Das gefiel auch Kaiserin Sisi und Kaiser Wilhelm II. so gut, dass erst die Österreicherin, dann der Preuße viele Ferientage auf Korfu zu verbringen pflegten – im Schlösschen Achilleion, heute Hauptziel für Landausflüge.

Vor der Küste des Peloponnes vereinen sich die Schifffahrtswege aus der Adria und von Genua her. Der kleine Hafen von Katakolon ist Ausgangspunkt für eine kurze Bus- oder Taxifahrt nach **Olympia**, wo vor fast 2800 Jahren die ersten Olympischen Spiele ausgetragen wurden. In über 130-jähriger Arbeit haben Archäologen nicht nur das antike Stadion, sondern auch zahlreiche weitere Sport-

Mit seiner historischen Altstadt gilt Dubrovnik (→ S. 53) als ein kulturelles Zentrum Kroatiens. Besonders stimmungsvoll ist der Platz vor der barocken Kirche Sv.-Vlaha.

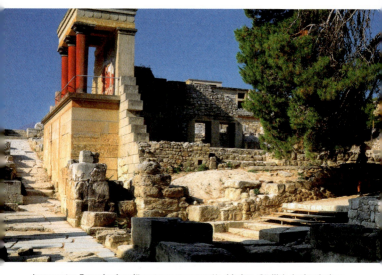

Imposantes Zeugnis einer längst vergangenen Hochkultur: Südlich der kretischen Hauptstadt Iráklio wurde der minoische Palast von Knossós (→ S. 80) freigelegt.

stätten, prächtige Tempel und Schatzhäuser ans Tageslicht gebracht. Vor dem Hera-Heiligtum wird alle zwei Jahre das Olympische Feuer entzündet, das von hier seine weltumspannende Reise zu den Austragungsorten der jeweiligen Sommer- und Winterspiele antritt.

Beim Einlaufen in den Saronischen Golf grüßen die Säulen des antiken Poseidon-Tempels am Kap Soúnio die Schiffe. Etwa eine Stunde später ragt aus dem weißen Häusermeer der griechischen Hauptstadt **Athen** schon der Akropolis-Felsen deutlich

Die griechische Hauptstadt – nach einer Göttin benannt

sichtbar hervor. Wer die Akropolis und das Archäologische Nationalmuseum schon kennt, kann die Liegezeit im Hafen von Piräus auch gut zu einem Bummel auf eigene Faust durch die Vier-Millionen-Metropole und ihr Altstadtviertel Pláka nutzen

und beobachten, wie jung, modern und vibrierend sich das Leben im Schatten der antiken Tempel präsentiert. Eine ganz neue Attraktion sollte allerdings niemand versäumen: das erst im Jahr 2009 eröffnete Neue Akropolis-Museum, ein Meisterwerk moderner Architektur.

Jetzt gilt es, in die Ägäische Inselwelt einzutauchen. Fast 90 bewohnte Inseln steigen wie Sprungsteine zwischen Europa und Kleinasien aus dem Meer empor. Jede gleicht einem traumhaften Kalenderbild, jede hat ihren ganz eigenen Charakter. Die Ägäis hat die Kontinente nie getrennt, sondern bis ins frühe 20. Jahrhundert hinein als großes Binnenmeer miteinander verbunden. In der Folgezeit war die Aufteilung der Ägäis zwischen Griechenland und Türkei umstritten – im Zeichen eines vereinten Europa sind sich aber auch die beiden einstigen »Erbfeinde« wieder nähergekommen. Bei Landgängen in Istanbul, Kuşadasi oder Izmir wird der Besucher leicht feststellen, wie viel die türkische mit der griechischen Kultur verbindet, lässt man die Religion einmal beiseite.

Doch zurück auf die Kyladen: **Mykonos** lockt mit Bilderbuchdörfern, unvergleichlich romantischen Tavernen und Bars, Outlets griechischer und internationaler Modedesigner, viel Kunsthandwerk und der nahen Museumsinsel **Delos**. Hier blei-

Weiß und Blau – die Farben der Kykladen

ben die meisten Schiffe bis Mitternacht, denn als Party-Location für den Jet Set genießt die kleine, überwiegend kahle Insel internationalen Ruf. Wenn das Schiff dann **Santorin** erreicht, bietet sich ein weltweit unvergleichlicher Anblick: Das schwimmende Zuhause läuft in einen vom Meer gefüllten Krater mit über 300 m hohen Lava- und Aschewänden ein. Auf dem Kraterrand erstrecken sich weiße Dörfer mit blauen und roten Kirchenkuppeln, zu denen die Besucher Maultiere oder eine Kabinenseilbahn hinaufbringen. Manche Restaurants und Bars sind in die Kraterwände hineingebaut, auf ihren Panorama-Terrassen lässt es sich herrlich speisen oder einen griechischen Kaffee schlürfen. Zahlreiche Künstler und Kunsthandwerker haben sich an den schmalen, autofreien Gassen der Kraterranddörfer niedergelassen. Santorin sollte man nicht verlassen, ohne den Inselwein verkostet zu haben, dem die Lavaböden einen unverwechselbaren Charakter verleihen.

Ganz im Süden der Ägäis liegen mit Kreta und Rhodos zwei der größten griechischen Inseln. Iráklio ist die Hauptstadt von **Kreta**, das über 450 Jahre lang unter venezianischer Herrschaft stand. Die Altstadt säumen noch viele venezianische Bauten, sehr viel bedeutender aber ist der über 3500 Jahre alte minoische Palast von Knossós unmittelbar am Stadtrand. Auf Kreta war mit der minoischen Kultur im 2. Jahrtausend v. Chr. die erste Hochkultur auf europäischem Boden entstanden. Minoische Seefahrer trieben Handel mit Zypern, der Küste der heutigen Staaten Syrien, Israel und Palästina und fuhren sogar den ägyptischen Nil hinauf. Eine kurze nächtliche Reise an den Inseln Kasos und Karpathos vorbei, stehen auf **Rhodos** die antike Akropolis von Líndos und die Altstadt der Inselmetropole im Mittelpunkt jedes Besichtigungsprogramms. Innerhalb ihrer mächtigen Mauern sind Monumente aus der Kreuzritterzeit untrennbar mit byzantinischen Kirchen, osmanischen Moscheen und antiken Grundmauern verwoben.

In **Istanbul** sind Europa und Asien durch eine Brücke miteinander verbunden. Die Riesenstadt am Bosporus begeistert schon durch ihre Lage am Goldenen Horn und erweckt mit ihren Prachtbauten aus 1500 Jahren den Wunsch, noch einmal und für längere Zeit wiederzukommen. Bei der Fahrt entlang der kleinasiatischen Küste gleitet das Schiff zwischen grie-

Abenteuer Orient

chischen Inseln und weit in die Ägäis vorspringenden Halbinseln hindurch. Beim Landgang erfährt man, wie eng die türkische Mittelmeerküste mit der Geschichte Europas verbunden ist. Über 1100 Jahre lang war Istanbul, das zu jener Zeit Konstantinopel hieß, die Hauptstadt des Oströmisch-byzantinischen Reiches, dann noch einmal etwa 450 Jahre des mächtigen Osmanischen Reichs. Beide umfassten weite Teile der Küsten des östlichen Mittelmeers. Verpassen Sie es nicht, dem Basar der Stadt einen Besuch abzustatten. Von **Izmir** und von **Kuşdasi** aus führt ein Land-

Seit dem 19. Jahrhundert überspannt die Galatabrücke in Istanbul (→ S. 87) das Goldene Horn. Das Untergeschoss wird von Fischbratern und Restaurants genutzt.

ausflug ins antike **Ephesos**, wo der Apostel Paulus eine christliche Gemeinde gründete und wo der Legende nach die heilige Jungfrau Maria starb. Wer Ephesos nicht sehen will, erkundet Märkte und Bazare oder genießt in Kuşadasi ganz einfach den Strand.

Noch weitaus orientalischer als die Türkei präsentiert sich Ägypten. In **Alexandria** geht der Kreuzfahrturlauber dann noch einmal in einer

Al Iskandarija: Gründung Alexander des Großen

für Europas Kulturgeschichte ganz wichtigen Stadt von Bord. Der Grieche **Alexander der Große** hat sie vor gut 2300 Jahren gegründet. In ihrer Bibliothek wurden unermesslich viele Schriftrollen mit den Werken antiker Dichter und Philosophen aufbewahrt und so für die Nachwelt erhalten. Ohne die Existenz Alexandrias wüssten wir heute nur wenig von der griechischen Antike.

Verlässt man die Hafenstadt, taucht man in eine fremde, arabisch geprägte Welt ein. Für die Fahrt von Alexandria nach Kairo gibt es zwei Strecken: Die eine führt durch das fruchtbare Nil-Delta, die andere durch die unendliche Weite und Stille der Wüste. Meist nehmen die Ausflugsbusse eine Route für den Hin-, die andere für den Rückweg. Die Pyramiden von **Giza** und die rätselhafte Sphinx gehören zu den Höhepunkten jeder Kreuzfahrt ins östliche Mittelmeer, ein Besuch im Ägyptischen Nationalmuseum in **Kairo** beschert unvergessliche Eindrücke. Hier begegnet man der Kultur der Pharaonen, die in den frühen Jahren Europas unserem Kontinent so viele Anregungen gab.

Wie sehr die Länder durch die Geschichte miteinander verbunden sind, wird auch auf Zypern, dem östlichsten Außenposten der Europäischen Union im Mittelmeer, noch einmal deutlich. Hier machten die **Kreuzritter des Johanniterordens**

Zwischenstation, nachdem sie nach fast zwei Jahrhunderten 1291 Palästina für immer verlassen mussten. In der Nähe der Hafenstadt Limassol erhielten sie ausgedehnte Ländereien, auf denen sie vor allem Wein und Zuckerrohr anbauen ließen. Von Zypern zogen die Johanniterritter 1309 weiter nach Rhodos, dessen Altstadt noch immer von mächtigen Stadtmauern aus der Ritterzeit umgeben ist. An den mit Kieselsteinen gepflasterten Gassen stehen ihre Hospitäler, die Herbergen ihrer verschiedenen Landsmannschaften, ihre Kirchen und der Großmeisterplast. Als die Osmanen sie 1523 auch von Rhodos vertrieben, war der Orden für kurze Zeit heimatlos, bevor ihm Kaiser Karl V. die Insel Malta als Lehen gab. Erst **Napoleon** setzte der Herrschaft der Ritter über diese Insel 1798 ein Ende. Napoleon besiegelte übrigens auch den Niedergang einer anderen Großmacht des Mittelalters, der **Republik Venedig**. Deren Spuren begegnet man auf einer Mittelmeer-Kreuzfahrt ebenfalls immer wieder: in der ganz von der Serenissima geprägten Stadt Korfu oder in Dubrovnik zum Beispiel. Heute ist **Limassol**, zweitgrößte Stadt Zyperns, ganz und gar moderne Großstadt, doch in ihrer Altstadt liegen Kirchen und Moscheen in unmittelbarer Nachbarschaft. Ausflüge führen in die antike Stadt Curium, zur Kreuzritterburg von Kolóssi und zum antiken griechischen Tempel für Apoll – womit Zypern fast wie die Quintessenz einer Reise durch das östliche Mittelmeer wirkt.

Mit modernen und sicheren Kreuzfahrtschiffen, die jedem Wind und Wetter trotzen, sind Länder und Kontinente enger zusammengerückt. Das Reisen ist zum Vergnügen geworden. Im östlichen Mittelmeer trifft

Reise- und Kulturerlebnis

der Kreuzfahrer auf verschiedene Konfessionen und Religionen, Kulturkreise und Landschaftsformen. Doch bei jedem Landgang wird er bemerken, wie eng die Kulturen miteinander verknüpft sind, wie stark sie sich gegenseitig beeinflusst haben. Manches in den bereisten Ländern ist fremd, vieles jedoch nur eine Variante des von zu Hause Bekannten.

Götter, Tempel, Pharaonen: Das Ägyptische Nationalmuseum (→ S. 104) in Kairo birgt Schätze altägyptischer Kunst. Ein Highlight ist die Totenmaske Tut-anch-Amuns.

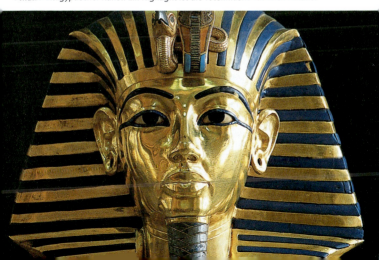

Praktische Infos zur Kreuzfahrt

Einige Informationen, die das Leben an Bord erleichtern und die Reise angenehm gestalten.

Erholsame Tage lassen sich an Deck verbringen, den Blick auf die endlose Weite des Meeres gerichtet – bis im strahlenden Glanz der Sonne eine weitere Perle am Mittelmeer auftaucht. Dann heißt es: bereit machen zum Landgang.

Das östliche Mittelmeer ist ein klassisches Kreuzfahrt-Revier. Die antiken Stätten Griechenlands und Kleinasiens, das Heilige Land und Ägypten waren das begehrte Ziel ganzer Generationen von Bildungs- und Studienreisenden, die die Höhepunkte der Antike bequem vom Schiff aus kennenlernen wollten, ohne ständig Hotelzimmer wechseln und sich auf neue Transportmittel einstellen zu müssen. Heute sind die Landprogramme vieler Kreuzfahrtveranstalter sehr viel variantenreicher geworden. Shopping und kulinarische Genüsse, das Kennenlernen lebhafter Metropolen und sportliche Aktivitäten ergänzen das Erlebnisspektrum.

Die meisten Kreuzfahrten ins östliche Mittelmeer beginnen in italienischen Häfen. AIDA Cruises hat allerdings ein Schiff in Iráklio auf Kreta stationiert und bietet von dort aus einwöchige Törns an. Außerdem gibt es die Möglichkeit, Kreuzfahrten ab Piräus zu buchen, die aber in der Regel nur drei bis sieben Tage dauern.

Die Reisetermine für diese Region liegen fast ausschließlich zwischen April und Oktober. Dann ist das Klima angenehm und viel Sonne zu erwarten. Fürs Reisegepäck heißt das: Winterkleidung braucht man schlimmstenfalls für An- oder Abreise, ansonsten ist leichte Übergangskleidung für Frühjahr und Herbst völlig ausreichend. Für den Hochsommer sind genügend Sonnenschutzmittel und eine Kopfbedeckung ganz wichtig.

DAS RICHTIGE SCHIFF

Wie sehr Sie Ihre Kreuzfahrt genießen werden, hängt vor allem von der Auswahl des für Sie richtigen Schiffes ab. Die Schiffe deutscher Reedereien bieten den Vorteil, dass Deutsch die Bordsprache Nummer eins ist. Auch auf allen anderen Schiffen werden die Borddurchsagen auf Deutsch gemacht – allerdings als einer von mehreren Ansagesprachen. Die Cruise Manager und die wichtigsten Service-Kräfte sind immer polyglott, aber vom einfachen Personal dürfen Sie auf ausländischen Schiffen nicht immer erwarten, dass es mehr als rudimentäre Deutschkenntnisse aufweist.

Die Größe der Schiffe ist ein ganz entscheidendes Kriterium. Das neue Flaggschiff der in Neapel beheimateten MSC Kreuzfahrten, die erst 2009 in Dienst gestellte MSC Splendida, bietet 3959 Passagieren in 1637 Kabinen Platz. Da sieht man viele Mitreisende während der Reise bestenfalls ein einziges Mal und braucht geraume Zeit, bis man sich heimisch fühlt. Dafür ist die Auswahl an Sport-, Wellness- und Unterhaltungsmöglichkeiten so riesig wie das Platzangebot in Restaurants und Bars. Sehr viel übersichtlicher sind Schiffe wie die neue MS Alexander von Humboldt des deutschen Seereiseveranstalters Phoenix Reisen. 1990 in Spanien gebaut, bietet sie in 260 Kabinen bis zu 470 Reisenden Platz. Dabei ist auch dieses Schiff noch 150 Meter lang und 21 Meter breit, bietet auf sieben Decks genügend Raum für jedermann. Als Beispiel für Reisen in fast schon privater Atmosphäre gilt die M/Y Harmony G der griechischen Reederei Variety Cruises: Auf dem 54 Meter kurzen Schiff mit nur 22 Kabinen reisen die maximal 46 (oft überwiegend amerikanischen) Passagiere fast wie auf einer Millionärs-Yacht.

Wer Seefahrt-Romantik sucht und sie auch bezahlen will, braucht im östlichen Mittelmeer nicht einmal auf Kreuzfahrten unter Segeln zu verzichten. Moderne Schiffe wie etwa die Sea Cloud mit 32 Kabinen für maximal 64 Gäste können mithilfe des Motors immer ihren Fahrplan einhalten, bei gutem Wind aber auch Segel setzen, um fast lautlos über die Wellen zu gleiten. Im Frühjahr 2010 stellt die Reederei mit der Sea Cloud Hussar sogar den größten jemals für Passagiere gebauten Dreimaster in Dienst. 95 Kabinen und Suiten sind vorgesehen.

DIE RICHTIGE KABINE

Der Reisepreis hängt nicht nur vom jeweiligen Schiff, sondern insbesondere auch von der gewählten Kabine ab. Von der Eigner-Suite mit eigenem Balkon und Butler-Service bis hin zur fensterlosen Vierbett-Innenkabine reicht das Angebot. Im östlichen Mittelmeer ist der Komfort der Kabine nicht ganz so entscheidend wie bei Nordland-Reisen oder Törns in arktische und antarktische Gewässer: Hier verbringt man ohnehin viel Zeit an der frischen Luft, nutzt die Kabine überwiegend nur zum Schlafen.

Einige Regeln gelten unabhängig von Kabinengröße und -ausstattung. Fast immer sind achtern (also hinten auf dem Schiff) die Schiffsmaschinen zu hören und deren Vibrationen deutlicher zu spüren als weiter vorn. Wer befürchtet, seekrank zu werden, sollte bedenken, dass es auf den oberen Decks stärker schaukelt als im Bauch des Schiffes, am Bug mehr als am Heck. Allgemein ist die Gefahr, seekrank zu werden, auf modernen Schiffen jedoch dank guter Stabilisatoren ohnehin sehr gering.

Größe und Qualität der Kabinen sind von Schiff zu Schiff sehr unterschiedlich. Als einziges Sechssterne-Kreuzfahrtschiff der Welt gilt vielen die MS Europa der deutschen Reederei Hapag Lloyd. Ein solch hohes Niveau kann auf den Riesenschiffen der jüngsten Generation natürlich nicht durchgängig gehalten werden. Hier versuchen Reedereien wie MSC mit den neuen Schiffen MSC Fantasie und MSC Splendida, durch exklusive VIP-Bereiche einen Ausgleich zu schaffen. Wer dort in einer der jeweils 99 VIP-Suiten residiert, genießt einen professionellen Butler-Service ebenso wie private Aufzüge und Rezeption, eigenes Schwimmbad und eine eigene Panoramalounge. Auch auf Landausflügen bleiben VIP-Gäste hier unter sich, unternehmen die Exkursionen in Limousinen oder Minibussen.

DER RICHTIGE STIL

Die Exklusivität im oberen Marktsegment verlangt natürlich auch entsprechende Kleidervorschriften. Insgesamt aber ist die Atmosphäre an Bord der meisten Schiffe im Vergleich zu früher sehr viel lockerer geworden. Abendanzug und Abendkleid sind häufig nur noch zum Captain's Welcome und zum Captain's Dinner am Abschluss der Reise gefordert, ansonsten ist legerer Chic angesagt.

Basketball auf hoher See: Wer dem Schlemmerangebot an Bord oder beim Landgang nicht zu widerstehen vermag, kann die überflüssigen Pfunde beim Ballspiel abarbeiten.

DIE VERPFLEGUNG AN BORD

Die Mahlzeiten sind ein besonders wichtiger Bestandteil jeder Seereise. Auf vielen Schiffen gibt es immer noch starre Essenszeiten, obwohl auch hier der Trend zu mehr Flexibilität geht. Dass in zwei Sitzungen zu Tisch gebeten wird, ist selten geworden, meist sind die Bordrestaurants groß genug, um alle Gäste gleichzeitig aufnehmen zu können. Immer mehr Schiffe, wie beispielsweise die Clubschiffe von AIDA Cruises, ermöglichen es, dass der Passagier nach Lust und Laune in den unterschiedlichsten Themen-Restaurants essen kann. Manchmal wird für einige Bereiche allerdings eine Zuzahlung erhoben.

FÜRS KÖRPERLICHE WOHLBEFINDEN

Sport und Wellness haben in den letzten Jahren auch an Bord der Kreuzfahrtschiffe enorm an Bedeutung gewonnen. »Entschleunigung für Ihr Leben« ist ein Motto der neuen TUI Cruises. Dafür sorgen an Bord des Flaggschiffs des neuen Veranstalters ein 2200 Quadratmeter großes Pooldeck und 1700 Quadratmeter Wellness- und Spa-Landschaft. Saunen, Dampfbäder und Massagen gehören meist ebenso zum Standardprogramm wie Aromabäder und kosmetische Behandlungen jeder Art. Meist sind Massagen und andere spezielle Anwendungen jedoch kostenpflichtig. Auf manchen Schiffen gibt es sogar Coaching-Angebote. Wer sie in Anspruch nimmt, bekommt von Experten eine ganz individuelle Beratung in Sachen Sport und Ernährung.

Shuffleboard ist zwar immer noch ein traditioneller und ganz typischer Sport an Bord, aber viel mehr Interesse erwecken inzwischen Oceanvolleyball und Basketball auf hoher See, Abschlagsübungen und Putting Greens für Golfer, Kletterwände, Squash-Felder und Jogging-Parcours. Sogar an Land geht das Sportangebot weiter: AIDA beispielsweise bietet auch Tauch- und Golfausflüge an,

hat sogar eigene Fahrräder für Landausflüge an Bord. Bei einigen Reisen mit Transocean Tours kann man an Bord die Technik des Nordic Walking erlernen und es dann beim nächsten Landgang gleich mit bordeigenen Stöcken unter südlicher Sonne praktizieren.

Zum Wohlbefinden gehört für viele Menschen immer noch der Tabakgenuss. Um keine harten Zeiten durchleben zu müssen, sollte man die Raucher-Regeln an Bord genau erfragen. Auf vielen Schiffen gibt es zumindest einige wenige Innenbereiche, in denen Zigarette, Zigarillo, Zigarre und Pfeife keine Empörung bei den Mitreisenden auslösen. Es sind aber auch Schiffe unterwegs, auf denen das Rauchen grundsätzlich nur draußen an Deck gestattet ist.

Eine Besonderheit der AIDA-Schiffe, die man sonst nirgends findet, sind FKK-Bereiche an Deck, wo man sich hüllenlos sonnen kann. Auf amerikanischen oder italienischen Schiffen zeigt man sich in dieser Beziehung deutlich prüder, obwohl die Bikinis hier oft die knappsten sind.

ENTERTAINMENT FÜR JUNG UND ALT

Abendunterhaltung wird auf allen Schiffen groß geschrieben. Bordkinos werden zwar immer seltener, weil man sich – gegen Gebühr – DVDs für den Fernseher in der Kabine ausleihen kann, auch auf Spielcasinos wird vor allem auf kleineren Schiffen zusehends verzichtet. Dafür laden Reedereien Stars aus der Unterhaltungsbranche zu Auftritten an Bord ein. Bei manchen Veranstaltern wie z. B. bei Transocean Tours erfährt man schon aus dem Katalog, wer mit dabei sein wird: Michael Schanze, Ireen Sheer oder Patrick Lindner zum Beispiel. Auf den Schiffen von AIDA Cruises gibt man sich jünger, wenn die Sonne hinter dem Horizont verschwunden ist: Man veranstaltet Comedy Festivals und hat eigene Edutainment-Events konzipiert.

Auch das ganz junge Publikum nehmen die Kreuzfahrtreedereien zunehmend ins Visier. Angesichts immer größer werdender Kapazitäten auf den Weltmeeren braucht man auch die junge Familie als Gast und sorgt für deren Kinder. Oft reist ein Unter-17-Jähriger in der Kabine der Eltern kostenlos oder stark ermäßigt mit. Das Unterhaltungsangebot für die kleinen Passagiere beschränkt sich nicht nur auf ein Plantschbecken im Schwimmbereich – an Bord stehen ausgebildete Kinder-Animateure bereit, die sich liebevoll um die Kleinen kümmern und sie unterhalten, sodass sich die Eltern entspannt auf ihrer Liege zurücklehnen können. Auf einigen Schiffen können Eltern ihre Kinder sogar betreuen lassen, während sie einen Landausflug unternehmen. Wieder andere Schiffe bieten spezielle Landausflüge für die Kids an.

Das Einschiffen

Bevor die Kreuzfahrt beginnen kann, müssen erst einmal alle Passagiere samt Gepäck an Bord sein. Da alle Einschiffungshäfen normalerweise in EU-Staaten liegen, machen Pass- und Zollkontrolle keine Probleme und sind schnell abgewickelt. Ihr Gepäck haben Sie mit den Kofferanhängern versehen, auf denen auch schon Ihre Kabinennummer steht. Das Schiffspersonal nimmt sie in Empfang und bringt sie zu Ihrer Kabine, Sie geben in der Regel an der Rezeption Ihren Pass ab und erhalten Ihren Kabinenschlüssel – meist in Form einer elektronisch lesbaren Karte. Diese Karten dienen auf vielen Schiffen auch zum Bezahlen an Bord. Darum bittet Sie die Rezeption häufig auch vorab um Vorlage Ihrer Kreditkarte oder Hinterlegung eines Barbetrages. Die Schlüsselkarten erfüllen zudem meist auch noch eine weitere wichtige Funktion: Mit ihrer Hilfe wird in Häfen registriert, ob Sie das Schiff verlassen haben und auch wieder rechtzeitig zurückgekehrt sind.

Informiert sein

Viele Informationen über Ihr Schiff haben Sie sicherlich schon den Veranstalterkatalogen, dem Internet und den Reiseunterlagen entnommen. Bei der ersten Orientierung an Bord, die auf großen Schiffen Stunden in Anspruch nehmen kann, helfen Ihnen die überall angebrachten Deckpläne. Unbedingt besuchen sollten Sie die erste Informationsveranstaltung an Bord, die zumeist schon kurz nach dem Auslaufen angeboten und in mehreren Sprachen abgehalten wird. Dort erfahren Sie alles Wissenswerte über das Bordleben und die angebotenen Landausflüge und können auch Fragen stellen. Zu jeder Tages- und Nachtzeit ist die Rezeption zu weiteren Auskünften bereit.

Spätestens am nächsten Tag steht eine Seenotrettungsübung auf dem Programm. Über den Aufbewahrungsort Ihrer persönlichen Schwimmweste in der Kabine, über die Technik ihres Anlegens und über die Fluchtwege zu Ihrem Sammelplatz sollten Sie sich aber schon gleich beim Bezug Ihrer Kabine sorgfältig informieren. Bei der Seenotrettungsübung, die gesetzlich vorgeschrieben ist und an der Sie teilnehmen müssen, erscheinen Sie in Schwimmweste an Deck. Besatzungsmitglieder prüfen den korrekten Sitz. Sie wissen jetzt, wo Sie sich im unwahrscheinlichen Notfall einzufinden haben und welches Rettungsmittel – Boot oder Rettungsinsel – für Sie vorgesehen ist.

Für zusätzliche Informationen über Land und Leute, Geschichte und Gegenwart vor Beginn der Landausflüge sorgen auf den meisten Schiffen Multimedia-Präsentationen oder – sehr viel intensiver – mitreisende Lektoren. Jedes Schiff verfügt auch über eine Bordbibliothek, die allerdings qualitativ höchst unterschiedlich und in Bezug auf Reiseführer selten ganz aktuell ist. Entsprechende Lektüre bringt man besser selbst mit (→ Buchtipps, S. 129).

Sicherheit wird großgeschrieben: Am ersten Tag auf See findet eine Seenotrettungs-übung statt, deren Teilnahme für alle Reisenden verpflichtend ist.

DER LANDGANG

Mit Ausnahme von Santorin können die Kreuzfahrtschiffe in allen in diesem Band beschriebenen Häfen an Kais vor meist sehr modernen Kreuzfahrt-Terminals festmachen, sodass Sie bequem über die Gangway von Bord gehen können. Am Kai warten in der Regel bereits die Busse auf diejenigen unter den Landgängern, die einen Ausflug gebucht haben. Auf Santorin hingegen machen die Schiffe in der Regel an Bojen im Krater fest oder werfen dort Anker. Bordeigene Boote oder Landungsboote holen die Passagiere am Schiff ab, wobei die Crew beim Umsteigen behilflich ist. Das Erlebnis kann insbesondere bei leichtem Seegang unvergesslich werden. Sie haben dann die Wahl, mit der Seilbahn auf den Kraterrand ins Hauptdorf Firá hinaufzufahren, mit Maultieren hinaufzureiten oder – kaum zu empfehlen – auf dem stufenreichen Maultierweg zu Fuß zu gehen. Dabei kommen Sie ständig den stets eiligen Maultiertreibern in den Weg und stapfen durch Maultierdung.

Die von den Kreuzfahrtreedereien angebotenen Landausflüge sind leider oft sehr teuer. Allerdings bieten sie den Vorteil nahezu perfekter Organisation und sachkundiger Führung in der eigenen Sprache. Das Programm ist auf die Liegezeit des Schiffes abgestimmt, das z. B. bei Buspannen aber auch wartet, bis alle Teilnehmer wieder wohlbehalten an Bord zurückgekehrt sind. Bei privaten Ausflügen – etwa mit dem Taxi – hat man diese Sicherheit nicht. Wer sich lieber auf eigene Faust auf Tour begibt, sollte unbedingt die jeweils gültige Telefonnummer des Ausflugsbüros mit sich führen, um bei unvorhersehbaren Verspätungen das Bordpersonal informieren zu können.

Auf die festgesetzte Abfahrtszeit des Schiffes werden Sie an Bord sehr gründlich und wiederholt hingewiesen. Halten Sie sich unbedingt an diese Zeitvorgaben, denn ist das Schiff erst einmal weg, ist es weg, und Sie können nicht wie bei einer Flusskreuzfahrt mit dem Taxi hinterherfahren, um das Schiff einzuholen. Meist wird die an Bord gültige Zeit genannt, die nicht unbedingt mit der Ortszeit im besuchten Land übereinstimmt. Lassen Sie sich also nicht durch örtliche Uhren durcheinander bringen: In Italien, Malta und Kroatien gilt mit-

Eselsritt zwischen Himmel und Meer: Der steile Weg hinauf nach Firá (→ S. 74), dem Hauptort Santorins, lässt sich am bequemsten auf dem Maultierrücken bewältigen.

teleuropäische Zeit (MEZ). Griechenland, Türkei und Zypern haben osteuropäische Zeit (OEZ), im Vergleich zur MEZ ist es eine Stunde später. Das Gleiche gilt für Ägypten, wo allerdings die Umstellung von Winter- auf Sommerzeit und umgekehrt nicht immer an den gleichen Terminen wie in der mittel-europäischen Zeitzone erfolgt.

EINREISEBESTIMMUNGEN

Deutsche, österreichische und Schweizer Staatsbürger benötigen für die Einreise nach Italien, Kroatien, Malta, Griechenland, Zypern und in die Türkei keinerlei Visum, es bestehen auch keine speziellen Impfempfehlungen. Bei der Einreise nach Ägypten wird für deutsche, österreicher und Schweizer Staatsbürger allerdings eine Visagebühr von etwa 15 Euro pro Person für alle Einreisenden, die älter als 2 Jahre sind, erhoben. Angehörige anderer Staaten erkundigen sich am besten bei ihren zuständigen Botschaften nach den Einreisebestimmungen, oder sie können sich auch im Internet unter www.visumcentrale.de informieren.

Geld in Landeswährung benötigt man in keinem der besuchten Länder unbedingt, der Euro wird überall akzeptiert. Wo er noch nicht Landeswährung ist, fehlt allerdings oft das Wechselgeld: gut, wer dann auch kleine Euro-Noten mit sich führt.

DAS AUSSCHIFFEN

Irgendwann kommt der letzte Reisetag. Das Schiffspersonal sammelt die Koffer ein, Sie begleichen Ihre ausstehenden Rechnungen samt Trinkgeld, falls dieses nicht im Reisepreis inklusive war. Das Ausschiffen kann vor allem auf größeren Schiffen eine zeitraubende Angelegenheit sein. Wappnen Sie sich mit Geduld und vielleicht auch mit einem MP3-Player und/oder einem gutem Buch. Lassen Sie die Reise vor Ihrem inneren Auge noch einmal Revue passieren und überlegen Sie sich, welchen der Anlaufhäfen Sie noch einmal aufsuchen möchten, um die Eindrücke zu vertiefen. Und vergessen Sie nicht, noch einmal beim Bordfotografen vorbeizuschauen. Dieser hat sicherlich – wie während der gesamten Reise – schöne Fotos von Ihnen gemacht.

MERIAN live!-QUIZ

GEWINNSPIEL: Monat für Monat eine Reise und weitere attraktive Preise zu gewinnen!

Um wen, was oder welchen Ort geht es hier?

Wer auf Kreuzfahrt von Italien Richtung Griechenland schippert, dürfte achtern die Besichtigung eines ungewöhnlichen Bauwerks hinter sich haben. Nicht so alt, nicht so groß, doch geheimnisvoll wie die Pyramiden von Gizeh und doppelt so eckig. Legenden ranken sich darum, wie um den Erbauer, der hier gesucht wird.

Auch er unternahm eine Kreuzfahrt durchs östliche Mittelmeer, indes ohne Sightseeing und Erholung. Des Gesuchten Kreuzfahrt trug den Zug eines Kreuzzuges, der aber, anders als andere Kreuzzüge, recht friedlich verlief. Noch dem Vorgängerpapst geschuldet, verschob er die Mission mehrmals. Inzwischen exkommuniziert, reiste er trotzdem. Dabei gelang ihm das Kunststück, Jerusalem ohne Blutvergießen, allein durch Verhandeln mit den Muslimen einzunehmen.

Einem der vielen Gelehrten galt der Gesuchte gar als »der erste moderne Mensch«. In seinem Machtbereich führte er das Beamtentum ein, wofür er eigens die Universität Neapel gründete. Nur selten in Deutschland, erregte er dort stets größtes Staunen.

Schon zu Lebzeiten ein Mythos, widmete er sich nicht nur der Politik. Den Dialog mit fremden Kulturen suchte, die Wissenschaften förderte er. Ein Buch schrieb er auch. Es handelt von Vögeln, besonders von Falken, deren Wesen er bestens kannte. Seine Politik war dennoch eher die einer Taube. Zu den erstaunlichen Relikten des Gesuchten gehört jenes rätselhafte Bauwerk in Süditalien, unweit der Adria.

Felix Woerther

Wenn Sie die Lösung wissen, besuchen Sie uns doch im Internet unter **www.merian.de/quiz** oder senden Sie uns eine E-Mail an quiz@travel-house-media.de

Unter den Einsendern verlosen wir Monat für Monat attraktive Preise. Viel Glück!

presented by **OLYMPUS**

Gewusst wo…

*Lokum, Helva, Baklavá, getrocknete Früchte, mit Rosen- oder Orangenblütenwasser
aromatisiert, mit gehackten Nüssen verfeinert: Süßwarenstand am Istanbuler Basar.
Das Angebot ist riesig, der Duft betörend, die Auswahl schwierig.*

Beim Landgang lässt sich die kulturelle Vielfalt der östlichen Mittelmeerländer erleben – beim Stöbern nach Souvenirs, beim Kosten der Landesküche oder beim Besuch eines Volksfestes.

Essen und Trinken

Versäumen Sie es nicht, die kulinarische Finesse des jeweiligen Gastlandes zu erproben.

Schmackhaft, erfrischend und dazu noch gesund: »choriátiki«, der griechische Bauern-salat, besteht aus Tomaten, Gurken, Paprika, Zwiebeln, Oliven und Schafskäse und stillt den kleinen Hunger zwischendurch.

Im sonnigen Süden spielt sich auch das kulinarische Leben größtenteils im Freien ab. Das gibt Gelegenheit, auf Märkten und an Garküchen, an Grillbuden, in schicken Cafés, Bars und Vinotheken, auf grandiosen Plätzen oder in lauschigen Gartentavernen die Köstlichkeiten der jeweiligen Region zu probieren, auch wenn das

Von Grillbuden bis lauschigen Gartentavernen

Essen an Bord noch so gut und reichhaltig ist. Außer in Ägypten kann man überall bedenkenlos zugreifen, nur in dem nordafrikanischen Land sollte man Garküchen, rohe Salate und ungeschältes Obst unbedingt meiden.

Über die italienische Küche muss man nicht viele Worte verlieren, sie genießt schließlich Weltruf. Maltas Küche hat viele Anregungen aus Italien, aber auch vom einstigen Kolonialherrn Großbritannien aufgenommen. An den Küsten Kroatiens verschmelzen mediterrane Einflüsse mit denen des gebirgigen Hinterlands, stehen neben feinen Fisch- auch deftige Fleischgerichte im Vordergrund. Griechenland, Zypern und die Türkei verbindet eine lange gemeinsame Geschichte als Teil erst des Byzantinischen, dann des Osmanischen Reichs; entsprechend ähnlich sind viele Rezepte und auch die Namen für die verschiedenen Gerichte. Auf Zypern sind aber auch Einflüsse aus dem Vorderen Orient und Ägypten zu verzeichnen, das ebenfalls lange Teil des Osmanischen Reichs war. In Ägypten kommt relativ wenig Fleisch auf den Tisch, dafür ist die Bandbreite der vegetarischen Gerichte und der Speisen aus Hülsenfrüchten besonders groß.

Olivenöl bildet in fast allen Ländern des östlichen Mittelmeers – mit Ausnahme Kroatiens – die Grundlage für gute Küche und leckere Salate. Die feinsten Olivenöle kommen aus Griechenland und Italien, während Malta und Zypern gerade erst wieder damit beginnen, Olivenöl in größeren Mengen selbst zu produzieren.

Kaffee ist in allen Ländern am östlichen Mittelmeer außer in der Türkei ein überaus beliebtes Getränk quer durch die Generationen. In der Türkei hingegen bevorzugt man Tee aus den typischen kleinen Gläsern: Atatürk hatte seinen Landsleuten in den 1930er-Jahren dieses Getränk anstelle von Kaffee schmackhaft gemacht, weil Tee in der Türkei selbst wächst. In Ägypten ist neben dem Kaffee auch »Karkadeh« sehr beliebt, ein heiß oder kalt getrunkener Tee aus Malvenblüten.

Von Italien aus haben Espresso, Cappuccino & Co überall am östlichen Mittelmeer ihren Siegeszug angetreten. Dem Klima entsprechend genießt man ihn hier auch oft als Kaltgetränk mit oder ohne Zugabe von Speiseeis. Vor allem in Griechenland und auf Zypern hat sich darüber hinaus ein Kaffee-Kaltgetränk auf der Basis von Instant-Kaffee aus jenen Zeiten am Leben erhalten, als moderne Espresso-

Kaffee in allen Variationen

Maschinen noch nicht so weit verbreitet waren. Als »Neskafé frappé« ist er in diesen beiden Ländern fast schon so etwas wie ein Kultgetränk.

In den Ländern des ehemals byzantinisch-osmanischen Kulturkreises und auch im südlichen Kroatien wird der traditionelle Mokka dem Espresso als viel preiswerteres Standardgetränk noch immer vorgezogen. In Griechenland heißt er »Greek coffee«, in der Türkei »Turkish coffee«, auf Zypern »Cypriot coffee« und in Ägypten »Ahwa«. Schon bei der Bestellung muss man angeben, ob man ihn ohne Zucker, mit etwas oder mit viel Zucker wünscht, denn Zucker und Kaffeepulver werden zusammen mit vorgewärmtem Wasser in eine kleine Kupfer- oder Messingkanne gegeben. Darin wird der Mokka über offener Flamme oder in heißem, von unten beheiztem Sand zum Aufwallen gebracht und dann oft sogar in der Stielkanne am Tisch in die typischen kleinen Mokkatässchen gefüllt. Milch ist für Mokka verpönt.

Biere werden in allen Ländern am östlichen Mittelmeer gebraut. Auf Malta können Sie als lokalen

Bier, Wein und Hochprozentiges

Gerstensaft »Cisk« bestellen, in der Türkei »Efes«, auf Zypern »Keo«, in Griechenland »Mythos« und in Kroatien »Karlovačko«. In Ägypten gilt das »Stella Local« unter den Europäern als bestes einheimisches Bier.

Wein wird in allen, auch den islamischen, Ländern unter den Kreuzfahrtzielen im östlichen Mittelmeer angebaut und – außer in Ägypten – in den meisten Lokalen auch glasweise ausgeschenkt. Italien bietet die bekannten Klassiker, die Winzer in den anderen Ländern haben zumeist noch kein großes internationales Renommee, produzieren aber durchaus exzellente Tafelweine. Wer besonders landestypische Weine verkosten will, bestellt in Griechenland eine Halbliterflasche des preiswerten, mit dem Harz der Aleppo-Kiefer versetzten »Retsina«-Weins oder eine Flasche des süßen »Mavrodaphni«. Auf Zypern haben bereits die Kreuzritter den Dessertwein »Commandaría« angebaut. Für Ägypten raten europäische Weinkenner zu den roten Weinen von »Obélisque« am Roten Meer und zu den weißen von »Giannaclis« im Nildelta. Unter den kroatischen Weinen galten bereits zu Zeiten der Habsburger die sehr gehaltvollen Weine aus der Traubensorte »Plavac mali« als ausgesprochene Kaiserweine. Als Dessertwein schätzt man hier besonders den »Prošek,« der aus sonnengetrockneten Trauben gekeltert wird.

Wie in Italien der Grappa wird auch in einigen anderen Ländern am östlichen Mittelmeer Tresterschnaps hoch geschätzt. In Kroatien nennt man diesen »Lozovača« oder »Rakika«. Ist er mit aromatischen Kräutern wie Minze, Salbei, Majoran, Thymian und einem Zitronenblatt und etwas Fenchel versetzt, wird er zum »Travarica«. In Zypern nennt man den Tresterschnaps »Tsiwania« oder auch »Cyprus Whisky«, in Griechenland heißt er »Tsipouro«. Am weitesten verbreitet ist er auf Kreta, wo er durchaus auch schon zum Frühstück genossen wird. Dort heißt er »Tsigoudia« oder auch »Raki«. Der türkische »Rakí« hingegen ist kein Tresterschnaps, sondern ein Anisschnaps wie der griechische »Ouzo«. Wer sanftere Liköre bevorzugt, sollte auf Zypern den Orangenlikör »Filfa«, in Griechenland den Zimtlikör »Tentura« und auf Malta den Zitronenlikör »Limoncello« bestellen.

Das östliche Mittelmeer ist für Kreuzfahrturlauber, die an Land gern einmal Köstlichkeiten der regionalen Küche probieren wollen, ein ideales Ziel. Hat man Italien und Malta erst einmal hinter sich gelassen, kennen Tavernen und Restaurants kaum noch feste Essenszeiten. Von elf Uhr morgens bis nach Mitternacht kann man seinen Appetit stil-

Jederzeit ist Essenszeit

len. Zudem ordern Griechen, Türken, Zyprioten und Ägypter kaum feste Menüs, sondern sitzen mit Freunden und Verwandten lieber bei »Mezes« oder »Mezedakia« zusammen, einer Vielzahl kleiner Leckereien in bunter Folge, von denen sich jeder nimmt, so viel er mag. Das erleichtert auch dem an Bord bestens versorgten Gast das Kennenlernen regionaler Spezialitäten. In Italien und auf Malta setzt man zwar mehr auf Menüs, aber hier sind die »Antipasti misti«, die gemischten Vorspeisenplatten, eine gute Alternative. In den meisten Tavernen und Restaurants benötigt der Gast weder Fremdsprachenkenntnisse noch Speisekarte: Schautresen, an denen man das Gewünschte wählen kann, sind in den Tavernen des östlichen Mittelmeerraums gang und gäbe.

In der Nähe des Meeres tischen die Gastronomen im Süden außerdem auch gern frischen Fisch und

Fisch und Meeresfrüchte fangfrisch auf den Tisch

Meeresfrüchte auf Hummer und Langusten werden meist lebend bereitgehalten, der Fisch stammt von den Fischerbooten des eigenen Hafens. Preiswerter als in Mitteleuropa sind die Meeresspezialitäten am Mittelmeer allerdings längst nicht mehr. Häufig wird der Preis nach Gewicht berechnet. Um Missverständnissen vorzubeugen, sollte der Gast beim Abwiegen immer dabei sein.

Für den kleinen Hunger zwischendurch sorgen insbesondere in Griechenland, auf Zypern, in der Türkei und in Ägypten auch die vielen kleinen Grillstuben, in denen man »Gýros« und »Döner«, türkische Pizzen, »Kebab« und »Köfte« (Kofta) erhält. Sehr beliebt sind hier auch Blätterteigtaschen, süß oder würzig mit Schafskäse, Mangold, Griespudding oder Fleisch gefüllt. In Italien und auf Malta geht man für den Snack zwischendurch gern in die Café-Bar, wo der Wirt meist leckere Brötchen und Baguettes je nach Wunsch mit Schinken, Käse, Salami und Mortadella belegt.

Süßes ist überall am östlichen Mittelmeer sehr beliebt. Bäckereien und Konditoreien gibt es selbst in kleinen Orten. Neben Cremetorten

und orientalischen Köstlichkeiten wie »Baklavá« und »Kataifi« gibt es auch eine Vielzahl kleiner Pastetchen, die bevorzugt mit Gemüse, Frischkäse oder Hackfleisch gefüllt sind. Doch sollten Sie bedenken: Gleich nach der Rückkehr an Bord wartet wahrscheinlich schon das nächste üppige Mahl auf Sie!

In Ägypten wird zum Mokka und nach dem Essen auch in topmodernen Restaurants häufig die Wasserpfeife, hier »Shisha« genannt, geraucht. Auch in Griechenland und der Türkei liegt sie unter dem Namen »Nargili« zunehmend gerade bei jungen Leuten im Trend. Der Spezialtabak ist in der Regel wahlweise mit Apfel, Honig, Erdbeere, Minze oder Mango aromatisiert. Jeder Raucher erhält sein eigenes Einmal-Mundstück, die Holzkohle unter dem Tabak bringt der Kellner gekonnt für den Gast zum Glühen.

Empfehlenswerte Restaurants und andere Lokale finden Sie jeweils bei den Orten im Kapitel »Unterwegs auf dem östlichen Mittelmeer«.

MERIAN-Tipp

1 O Tzitzikas kai o Mermingas, Athen

Zur Begrüßung gibt es in diesem Restaurant im Zentrum Athens erst einmal einen kräftigen »Tsipouro« (Grappa) mit Oliven. Das Besteck zieht der Gast selbst aus der Schublade am Tisch und erfreut sich an durchaus ausgefallener, überaus schmackhafter griechischer Küche, großen Portionen und fairen Preisen. Unbedingt probieren: Muscheln in Ouzosauce und Huhn in Mastix (»kotopoulo me masticha«).

Mitropoleos 12–14, Athen; U-Bahn: Syntagma; Tel. 21 03 24 76 07; So geschl. ●● ⤳ S. 145, D 3

Einkaufen

Naturschwämme, Spitze und Kykladenidole: Jede Kreuzfahrtstation bietet landestypische Souvenirs.

Ein hübsches Dekostück für das heimische Wohnzimmer: Die Kopie einer klassischen griechischen Statue oder eines Kykladenidols sind schöne Souvenirs für Zuhause. Eine große Auswahl ist meist in den Museumsshops erhältlich.

Rund ums östliche Mittelmeer werden viele Geschäfte noch von ihren Inhabern geführt. Nicht Kaufhäuser und immer gleiche Filialen großer Ketten bestimmen das Bild, sondern Hunderte kleiner Geschäfte, die sich vor allem in der Türkei und

Offene Märkte und orientalische Bazare

Ägypten auf Bazaren aneinander reihen. Auch offene Märkte spielen in den mediterranen Ländern noch eine viel größere Rolle als bei uns.

Juweliere erwarten überall dort, wo Kreuzfahrtschiffe anlegen, ein gutes Geschäft. Ob es auch für den Kunden eines wird, hängt weitgehend von dessen Kenntnissen ab. Angegebene Karatzahlen stimmen zwar in der Regel, die Verarbeitungsqualität aber sollte man immer selbst unter die Lupe nehmen. Gute Einkaufsquellen nicht nur für autorisierte Kopien von Antiquitäten, sondern auch für von Antike und Mittelalter inspirierten Schmuck sind häufig die staatlichen Läden in den großen Museen, in denen zudem Festpreise gelten. Ansonsten gehört das Handeln in Ägypten und in der Türkei wie in den meisten islamischen Ländern zum guten Ton. In den anderen Ländern des östlichen Mittelmeers hingegen feilscht man höchstens noch bei besonders teuren Einkäufen ein wenig um den Preis.

In Italien lohnt es sich, nach der neuesten Mode Ausschau zu halten, Lederartikel und Schuhe zu erwerben. Maltas Souvenirangebot ist eher beschränkt: Silberfiligran- und Klöppelarbeiten sind noch am ehesten typisch. Kleine Objekte wie Aschenbecher und Briefbeschwerer werden aus dem gleichen maltesischen Globenmenkalk gefertigt, aus dem auch die Häuser und Paläste der Insel erbaut wurden. Hervorragende Kunst- und Gebrauchsobjekte schaffen die Glasbläser der Inselrepublik.

Zu den Klassikern unter den kroatischen Souvenirs zählen Naturschwämme, Holzschnitzarbeiten und handgearbeitete Miniaturmodelle von traditionellen Fischerbooten und Schiffen. In Griechenland haben viele Souvenirs Bezug zum Altertum. Besonders schön sind nach klassischen Vorlagen handbemalte Vasen und Schalen und die ganz modern anmutenden Kopien kykladischer Kunst aus dem 3. Jh. v. Chr. Auch Reproduktionen von Ikonen werden in großer Zahl angeboten, der Export alter Ikonen ist jedoch strengstens untersagt. Für Zypern typisch sind Lefkara-Spitzen und Silberfiligran.

Das größte Angebot an Souvenirs jeder Preisklasse findet sich in Ägypten und der Türkei. Besonders beeindruckende Bazare sind hier der Gedeckte Basar in Istanbul mit seinen gut 3000 Läden hinter 18 Toren und der schon 1382 gegründete Kahn el-Khalili-Basar in Kairo. Während in der Türkei Teppiche und Kelims die Verkaufsschlager sind, kauft man in Ägypten am besten direkt in einer der Werkstätten Papyrus-Bilder. Leder in jeder Form kann man in beiden Ländern gut erwerben. Die Hände lassen sollte man in beiden Staaten von den zahlreich angebotenen Raubkopien berühmter Labels, deren Einfuhr nach Mitteleuropa zudem strafbar ist. Parfums mögen noch so verführerisch duften – an jenen aus dem Bordshop Ihres Schiffes werden Sie garantiert mehr Freude haben.

Unter schwere Strafen gestellt ist in allen Ländern der Export von antiken Objekten. Bei der Rückkehr ins Heimatland bekommt man zudem große Schwierigkeiten, wenn man Tiere, Pflanzen und andere Produkte einführen will, die unter das Washingtoner Artenabkommen fallen.

Empfehlenswerte Geschäfte und Märkte finden Sie jeweils bei den Orten im Kapitel »Unterwegs auf dem östlichen Mittelmeer«.

Feste und Events

Religiöse Feiern, Paraden und Kulturfestivals – der Festkalender ist bunt und vielfältig.

Der Karneval in Venedig verwandelt die Lagunenstadt in einen einzigen großen Fest-saal. Überall trifft man auf prächtige, kunstvoll gearbeitete Masken und Kostüme.

Wie überall in der Welt wird auch in den Ländern am östlichen Mittelmeer viel und gern gefeiert. Der Kreuzfahrturlauber sieht eher wenig davon, denn des Klimas wegen finden die meisten Feste und Veranstaltungen am späteren Abend statt.

Die Termine der beweglichen Feiertage werden in den christlichen Ländern der Region nach zwei verschiedenen Kalendern berechnet. In römisch-katholischen Ländern gilt der gregorianische, in griechisch-orthodoxen Ländern der julianische Kalender. So kann, wer will, Karneval, Ostern und Pfingsten in vielen Jahren zweimal feiern: In Griechenland und auf Zypern liegen diese Feiertage in den meisten Jahren ein bis fünf Wochen später als bei uns. In den islamischen Staaten gilt für alle religiösen Feste noch der Mondkalender, sodass sich ihre Termine von Jahr zu Jahr um eine kurze Zeitspanne nach vorne verschieben. Das gilt auch für den Fastenmonat Ramadan, in dem gläubige Moslems tagsüber nicht essen, trinken und rauchen dürfen, dafür aber nach Einbruch der Dunkelheit häufig umso kräftiger zulangen. Wiederum nach einem anderen Kalender richtet sich die christliche Minderheit Ägyptens, die Kopten.

Als Kreuzfahrturlauber wird man am ehesten die großen Paraden miterleben, die in den meisten Staaten an ihren Nationalfeiertagen zelebriert werden. Dabei sieht man nicht nur Polizei und Militär, sondern oft auch Schüler und Folklore-Gruppen in historischen Trachten. Eindrucksvoll sind mancherorts auch die Prozessionen, die zu vielen Kirchweihfesten gehören. Ein Tag, an dem in allen christlichen Ländern auch schon tagsüber ausgiebig gefeiert wird, ist der 15. August, Mariä Himmelfahrt. Glück hat, wer am 8. September mit seinem Schiff am Kai von La Valletta auf Malta liegt: Dann wird im Grand Harbour eine traditionelle Bootsregatta ausgetragen.

FEBRUAR/MÄRZ
Karneval, Venedig
An den letzten elf Faschingstagen vor Aschermittwoch verwandelt sich Venedig in einen einzigen Festsaal. Der Karneval beginnt mit dem »Vollo della Colombina«, dem Täubchenflug, bei dem eine Taube aus Karton vom Campanile abgeworfen wird und ein Konfettiregen auf die Zuschauer fällt. www.carnevale.venezia.it

APRIL
Geschichte und Eleganz, Valletta
Festival mit historischen Paraden und viel Musik in Valletta.
Ende April

APRIL/MAI
Fest des hl. Spiridon, Korfu-Stadt
Umzug an Palmsonntag und Ostersamstag. Am Ostersamstag werden nach dem Kirchgang alte Tontöpfe, Krüge und Teller von Balkonen auf die Straße geworfen. Der Lärm soll die Toten aufwecken.

MAI/JUNI
Jazz-Festival, Athen
Vier Tage lang jazzt das Kunst- und Medienzentrum Technopolis/Gazi. Das Jazz-Festival führt Jazz-Musiker aus den EU-Ländern zusammen.
Ende Mai/Anfang Juni; Technopolis/Gazi, Pireos 100; Eintritt frei

Tag der Arbeit, Mykonos
Die Frauen flechten Blumenkränze, die die Häuser bis zum 24. Juni schmücken. Dann, am Tag des hl. Johannes, werden sie in einem großen Sonnwendfeuer verbrannt, über das jeder dreimal springen muss.

JUNI
Uluslararasi Istanbul Müzik Festivali
Das Internationale Musikfestival Istanbuls bestimmt vier Sommerwochen lang die kulturelle Agenda der Stadt. Klassische und avantgardistische Musik und Musiktheater stehen

auf dem Programm, Besonders schön: Die Aufführungen finden zum Teil in historischen Gebäuden statt.

Vorverkauf: Ataturk Kultur Merkezi; Taksim Mey., Taksim; Tel. 02 12/2 51 56 00

Nations Cup, Triest

Regatta, bei der die Yachten des Yacht Clubs Triest gegen die Teilnehmer des America Cup antreten.

MITTE JULI BIS ENDE AUGUST
Dubrovnik-Sommerfestival

Seit über 55 Jahren zieht das Festival die Besucher an. Großes internationales Kulturangebot mit Konzerten, Folklore- und Theateraufführungen.

www.dubrovnik-festival.hr

JULI BIS SEPTEMBER
Kalokéri, Iráklio

Großes Sommer-Kunst-Festival. Die Veranstaltungsorte sind über die ganze Stadt verstreut.

Koúles; www.heraklion.gr

AUGUST
Santorini Music Festival

Es lohnt sich immer, Santorin Anfang September zu besuchen, denn zu diesem Zeitpunkt findet das anspruchsvolle Musikfestival in Firá statt. Geboten werden vor allem klassische Konzerte international bekannter Künstler, aber auch Folkloregruppen aus Griechenland treten auf. Das aktuelle Programm liegt in den Reiseagenturen vor Ort aus.

Pétros-Nomikós-Kongresszentrum; Tel. 2 28 60/2 31 66, Fax 2 30 16; www.santorini.info/music-festival

AUGUST/SEPTEMBER
Mostra Internazionale del Cinema, Venedig

Die Filmfestspiele in Venedig gehören mit Cannes und Berlin zu den bedeutendsten Filmfestivals der Welt. Der erste Goldene Löwe wurde 1951 verliehen. Heute ist das Ereignis das mondänste der Stadt.

www.labiennale.org

Weinfestival, Limassol

(Feucht-)fröhliches Fest: Es gibt Wein vom Fass, so viel man will und vertragen kann, dazu wird Musik gemacht und getanzt.

Ende August/Anfang September

SEPTEMBER
Regata Storica, Venedig

Prächtige alljährliche Wiederholung der Regatten, wie sie in der Vergangenheit zu Ehren höchster Staatsbesucher der Republik veranstaltet wurden.

1. Sonntag im September

Fest zu Ehren der Madonna der Siege, Malta

In Erinnerung an die gescheiterten Belagerungen Maltas in den Jahren 1565, 1800 und 1943.

8. September

OKTOBER
Akbank Caz Festivalı, Istanbul

Seit rund eineinhalb Jahrzehnten gibt es dieses Festival. Konzerte wirklich erstrangiger Musiker (2003 u. a. Carla Bley und John Zorn) werden an verschiedenen Stellen der Stadt dargeboten, teils finden sie auch in historischen Gebäuden statt.

www.akbanksanat.com/jazz_festival/about.asp

NOVEMBER/DEZEMBER
Id el-Adha, Kairo

Opferfest zum Ende der Pilgerfahrt und zur Erinnerung an Abrahams angebotenes Opfer des Ismail. Es gibt reichlich zu essen.

DEZEMBER
Akdeniz Çagda, Müzik Günleri, Istanbul

Die »Tage zeitgenössischer Musik des Mittelmeers« sind ein kleines Festival, das zahlreiche Künstler aus Spanien, Italien, Griechenland und der Türkei anzieht.

Cemal Re,it Rey Konser Salonu; Tel. 02 12/2 31 54 98

Unterwegs auf dem östlichen Mittelmeer

Tag für Tag steuert das Kreuzfahrtschiff eine weitere Attraktion am Mittelmeer an. Valletta (→ S. 47), die Hauptstadt des kleinen Inselstaates Malta, präsentiert sich als atemberaubendes Ensemble kultureller Spuren und historischer Monumente.

Eine Kreuzfahrt auf dem östlichen Mittelmeer ist
eine Reise zwischen Kontinenten und Kulturen,
Orient und Okzident, Gegenwart und Vergangenheit mit Kurs auf Tempel und Pyramiden.

Italien

Das Land, wo die Zitronen blühen, ist ein würdiger Auftakt für eine erlebnisreiche Seereise.

Weltberühmt und millionenfach besucht: die Piazza San Marco in Venedig (→ S. 37). Der »Salon Europas« wird von den alten und neuen Prokuratien flankiert, Blickfang ist die Basilica San Marco (→ S. 36) mit dem mächtigen Campanile.

Bella Italia – längst haben wir dieses zauberhafte Land in unser Herz geschlossen. Neben wunderschönen Landschaften und einzigartigen Stränden locken vor allem Überreste antiker Tempel und geschichtsträchtige Burgen und Kirchen. Dazu kommen Kunst und Kultur, das herrliche Essen und die überbordende Lebensfreude – »dolce vita« eben ...

Venedig

63 000 Einwohner
Stadtplan → S. 136/137

Die insulare Lage Venedigs, ihr Reichtum an schönen, einzigartigen Bauten sind ein Wunder; aber ein noch größeres Wunder ist, dass Venedig seine historischen Bauwerke durch die Jahrhunderte fast unbeschädigt und unverändert bis auf den heutigen Tag hat retten können, dass der Besucher eine lebendige Stadt betritt, die kaum anders aussieht als vor 200, ja vor 500 Jahren. Auf den Veduten Canalettos findet man sich heute noch ebenso zurecht wie auf den um 1500 gemalten Zyklen von Carpaccio oder dem um dieselbe Zeit von dem venezianischen Maler Jacopo de' Barbari geschaffenen Stadtplan.

Spaziergang

Der Spaziergang führt an berühmten Sehenswürdigkeiten vorbei durch die Stadtviertel Dorsoduro und San Polo zum Touristenhighlight Rialtobrücke. Von der Accademia-Brücke herab begibt man sich links, also östlich der **Galleria dell'Accademia**, durch den baumgesäumten Rio Terra Foscarini an die Zattere, die Uferpromenade am Giudecca-Kanal mit der Kirche Gesuati (18. Jh.). Einen Besuch der Gallerie dell'Accademia sollte man für einen anderen Tag einplanen – Venedigs bedeutendster Kunsttempel ist nicht im »Schnelldurchlauf« zu besichtigen. Man folgt nun den Zattere und biegt dann vor der Brücke rechts

in die Fondamenta Nani ein. Am gegenüberliegenden Ufer des Kanals (Rio di San Trovaso) liegt der **Squero di San Trovaso**, die malerischste Gondelwerkstatt Venedigs. Man überquert den Rio di San Trovaso und kommt zur Renaissancekirche San Trovaso von 1590, kehrt auf die Zattere zurück und begibt sich dann rechts zur Kirche **San Sebastiano** mit den berühmten Veronese-Fresken. Dieses Gotteshaus gab Paolo Veronese einst Arbeit, Ruhm und auch die letzte Ruhe. Sein Grab befindet sich zu Füßen der Orgel. Nun durch die Calle dell'Avogaria, dann links durch die Calle della Pazienza zur **Scuola Grande dei Carmini** (17. Jh.) mit dem Tiepolo-Gemäldezyklus und zur gotischen Carmini-Kirche (14. Jh.). Von der Scuola geht es weiter zum Campo di Santa Margherita (am Vormittag Gemüse- und Fischmarkt). Mitten auf dem Campo beeindruckt die 1725 errichtete Scuola dei Varotari, das Bruderschaftshaus der Gerber. Früher galt der Campo di Santa Margherita als Hochburg der Kommunisten. Durch die Calle della Chiesa läuft man zu der Kirche San Pantalon, von hier weiter zum Campo di San Rocco mit der **Scuola Grande di San Rocco** aus dem 16. Jh. mit Tintoretto-Zyklus. Der Campo San Rocco berührt schon die Apsiden der **Frari-Kirche** mit sehenswerten Werken Tizians. Vom Campo dei Frari geht es weiter zum Campo di San Polo, einem Platz mit gotischen Fassaden und Renaissancebauten. Die Kirche San Polo, ursprünglich im Mittelalter gegründet, hat ein gotisches Seitenportal und einen Glockenturm (1362). In der Vergangenheit war der Campo di San Polo häufig Schauplatz religiöser Zeremonien, Theatervorstellungen und Stierkämpfe. Mit der Calle della Madonnetta beginnt eine mehr oder weniger geradlinig verlaufende Folge von Gassen, die bald zur Marktgegend an der **Rialtobrücke** führen, wo sich auch ein Bootshalt befindet.

Den besten Blick auf die 48 Meter lange, aus istrischem Kalkstein gebaute Rialtobrücke (Ponte di Rialto, → S. 38) genießt man vom Canal Grande aus.

→ S. 136, C 3

SEHENSWERTES
Basilica di San Marco (Markusdom)

Ein gelungener Handstreich liegt der Errichtung des Markusdoms zugrunde. Zwei venezianische Kaufleute raubten 828 im ägyptischen Alexandria den Leichnam des Evangelisten Markus und brachten ihn in ihre Heimatstadt, wo zu Ehren dieses Heiligen eine Kirche errichtet wurde.

Im 11. Jh. entstand die von fünf Kuppeln gekrönte Anlage, die im Laufe der Jahrhunderte ständig verschönert und ergänzt wurde, etwa mit den vier griechischen Bronzepferden, die der Doge Enrico Dandolo 1250, während des vierten Kreuzzugs, aus Konstantinopel mitbrachte. Wegen der starken Luftverschmutzung mussten sie, um sie vor weiterer Zerstörung zu schützen, inzwischen von der Fassade entfernt und in einen eigenen klimatisierten Raum gebracht werden.

2463 Säulen unterschiedlichster Form und Herkunft kamen hinzu, byzantinische, teils auch venezianische Bronzeportale und schließlich die herrlichen Goldmosaiken, die in der 76,5 m langen und 62,6 m breiten Basilika eine Oberfläche von insgesamt 4240 m bedecken. Sie stammen ursprünglich aus dem 12. bis 14. Jh., wurden aber teilweise in den späteren Jahrhunderten, auch nach Vorlagen namhafter venezianischer Künstler, erneuert.

Resultat und Opfer eines Kirchenraubs ist die **Pala d'Oro**, ein einzigartiges Meisterwerk byzantinischer und venezianischer Goldschmiedekunst des 10. bis 14. Jh. Die kostbaren Emailarbeiten waren aus Klöstern in Konstantinopel mitgebracht worden, und Napoleon seinerseits ließ im frühen 19. Jh. nicht wenige der ursprünglichen 1300 Perlen, 400 Granate, 300 Saphire, 300 Smaragde und 90 Amethyste mitgehen. Mit kostbaren Reliquien und wertvollsten Objekten byzantinischer Goldschmiedekunst wurde nach der Eroberung Konstantinopels 1204 auch der Domschatz angereichert. Der Markusdom gilt als die besterhaltene byzantinische Kirche der Welt.

Piazza San Marco, San Marco; Haltestelle: San Marco; Mo–Sa 9.45–17, So 14–17 Uhr, Galerien tgl. 9.30–17 Uhr; Eintritt 3 €; Pala d'Oro Mo–Sa 9.45–17, So 14–16 Uhr, Eintritt 3 €

Canal Grande   ⤑ S. 136, A 2–C 3

Es ist schade, dass man am Canal Grande, der 3,5 km langen Hauptwasserstraße Venedigs, nicht entlangflanieren kann, sondern ihn mit der Gondel oder einem Linienboot befahren muss. Das Gondelfahren ist allerdings recht teuer, daher besteigt man am besten ein Boot der Linie 1, die zwischen Piazzale Roma oder dem Hauptbahnhof und dem Markusplatz von einem Ufer zum anderen tuckert und dabei rund ein Dutzend Mal anlegt.

Einmalig ist eine Fahrt auf dem Canal Grande am frühen Morgen oder in der Abenddämmerung. Nicht übersehen sollte man die Ca' d'Oro, an deren heller Marmorfassade leider nichts mehr von der einstigen Vergoldung (daher der Name »Goldenes Haus«) übrig geblieben ist; auch der monumental-effektvolle Barockbau der Kirche Salute am Kanaleingang sowie der schmale Palazzo Dario mit den farbigen Marmorintarsien gehören zu den »Must Sees« am berühmtesten Kanal der Welt.

Cimitero San Michele   ⤑ S. 137, D 1

Auf der Insel San Michele befindet sich der sehr stimmungsvolle venezianische Friedhof. Nachdem 1810 die Mönche von der Insel verbannt worden waren, entstand hier der städtische Friedhof. Im orthodoxen Teil (der Wärter gibt gern Auskunft) liegen der russische Ballettimpresario Serge Diaghilew (seit 1929) und neben ihm seit 1971 der russische Komponist Igor Strawinsky begraben. Im evangelischen Teil ruht der amerikanische Dichter Ezra Pound (1885–1972), der viele Jahre in der Lagunenstadt gelebt hatte.

San Michele; Haltestelle: Cimitero

Palazzo Ducale   ⤑ S. 136, C 3

Man würde heute kaum noch glauben, dass dieser zarte, schwerelose, fast irreale Bau mit seinen rosafarbenen Spitzbögen ursprünglich eine Festung war, die die Dogen, die 814 ihren Sitz von Malamocco auf das besser gesicherte Rialto verlegten, mit Ecktürmen und Wallgraben errichteten. Erst als Venedig seine Vorherrschaft über die Adria gefestigt hatte und keine Angriffe mehr zu befürchten brauchte, wurde aus dem wehrhaften Bau ein eleganter Regierungssitz, von dem der Doge nur einen kleinen Teil bewohnte.

Den größten Raum nahmen die Versammlungssäle des Senats und des Großen Rats ein, in denen die politischen Entscheidungen getroffen wurden (nicht in den Privatgemächern des Dogen!) und die von den namhaftesten Künstlern ihrer Zeit (insbesondere Paolo Veronese und Jacopo Tintoretto) mit monumentalen Bildern zur Verherrlichung der politischen Größe Venedigs geschmückt wurden. Der Dogenpalast wird heute auch als Veranstaltungsort bedeutender Ausstellungen genutzt.

Piazza San Marco, San Marco; Haltestelle: San Zaccaria; April–Okt. tgl. 9–19, Nov.–März 9–17 Uhr, Einlass bis 60 Min. vor Schließung; Eintritt 12 € mit Sammelticket Museum Card, 18 € mit Sammelticket Museum Pass

Piazza San Marco   ⤑ S. 136, C 3

Die weltberühmte Piazza ist 176 m lang, an ihrer breitesten Stelle misst sie 82 m, hat die Form eines Trapezes und wird im Laufe eines Jahres von Millionen von Touristen und Tausenden von Tauben bevölkert sowie mehrmals im Jahr von Hochwasser überschwemmt. Im 12. Jh. war der Markusplatz sogar größter Platz der Welt. Heute werden Besucher vor allem von den Cafés um den Platz angelockt.

San Marco; Haltestelle: San Marco oder San Zaccaria

Ponte di Rialto (Rialtobrücke)

···⫫ S. 136, C 2

Die Verbindung der beiden Ufer des Canal Grande in Rialto, dem Handelszentrum der Stadt, war seit jeher ein Desiderat. Anfangs verkehrten Bootsfähren, im 11. Jh. entstand eine Pontonbrücke und ab 1264 eine hölzerne Brücke. Antonio Da Ponte (1512–1597) schuf schließlich eine aus einem Bogen bestehende, 48 m lange und 22 m breite Steinbrücke, für die 12 000 Ulmen- und Eichenpfähle in den Boden gerammt wurden. Sie bildete bis um die Mitte des 19. Jh. den einzigen Fußweg über den Canal Grande. Und bis heute ist sie die meistbewunderte venezianische Brücke geblieben. In den Läden auf der Brücke herrscht florentinische Eleganz, auf den seitlichen Rampen neapolitanische Lebhaftigkeit.

Canal Grande, Castello/San Polo; Haltestelle: Rialto

MUSEEN

Galleria dell'Accademia

···⫫ S. 136, B 3

Das Museum bietet die vollständigste Sammlung venezianischer Malerei des 14. bis 18. Jh. – von Paolo Veneziano (1333–1362) zu den Veduten- und Genremalern des Settecento wie Canaletto und Francesco Guardi. In den 24 Sälen sind alle Namen der venezianischen Kunst vertreten. Unter den Werken sind besonders bemerkenswert:
– in Saal 2 das Altarbild aus San Giobbe von Giovanni Bellini;
– in Saal 5 die Bellini-Madonnen, außerdem »Das Gewitter« von Giorgione, ein in seiner Hinwendung zur Natur außergewöhnlich modernes Bild (ca. 1507).

Das Museum besitzt auch einige Zeichnungen von Leonardo da Vinci und ein Skizzenheft von Canaletto.

Campo della Carità, Dorsoduro; Haltestelle: Accademia; www.gallerieaccademia.org; Mo–Fr 9–18, Sa 9–14 Uhr; Eintritt 6,50 €

Guggenheim Collection

···⫫ S. 136, B 3

Die Venezianer betrauerten die US-Millionärin Peggy Guggenheim nach ihrem Tod 1979 zu Recht als »letzte Dogin«. Denn keinem anderen Kunstmäzen in Venedig war es gelungen, solch eine Sammlung moderner Kunst von weltweiter Bedeutung zusammenzustellen.

30 Jahre lang hat die Mäzenin in Venedig gelebt. Sie kaufte den unvollendeten Palazzo Venier dei Leoni am Canal Grande und trug mit Leidenschaft und Kunstsinn Werke der größten Künstler des 20. Jh. zusammen.

Palazzo Venier dei Leoni, Dorsoduro, 701; Haltestelle: Salute; www.guggenheimcollection.org; tgl. 10–18, Sa 10–22 Uhr, Di geschl.; Eintritt 10 €

ESSEN UND TRINKEN

Caffè Florian   ···⫫ S. 136, C 3

Berühmter Teil venezianischer Geschichte. Schon Balzac, Proust und Twain gehörten zu den Gästen. Achtung: bei Musik erheblicher Aufpreis auf die Getränke.

Piazza San Marco, 56159, San Marco; Tel. 0 41/5 20 56 41; Do–Di 10–24 Uhr (im Winter bis 23 Uhr) ●●●●

Al Conte Pescaor   ···⫫ S. 136, C 3

Traditionelle venezianische Fisch- und Fleischgerichte kommen in diesem Lokal zwischen Rialto und San Marco auf den Tisch. Den Hummer sollte man sich nicht entgehen lassen. Gute Desserts, erlesene Weine.

Piscina San Zulian, 544, San Marco; Haltestelle: Rialto; Tel. 0 41/5 22 14 83; So geschl. ●●●●

Gatto nero   ···⫫ S. 137, nordöstl. F 1

Viel frischer Fisch wird in diesem beliebten, im Sommer geradezu überlaufenen Restaurant auf Burano serviert – in traditioneller Zubereitung und reichlichen Portionen.

Fondamenta Giudecca 88, Burano; Haltestelle: Burano; Tel. 0 41/73 01 20; Mo geschl. ●●●

EINKAUFEN

Anticlea ⤳ S. 137, D 3

Echte Murano-Perlen aus dem 19. Jh.,
in Einzelstücken oder zu Halsketten
verarbeitet.

Calle San Provolo 4719a, Castello, Haltestelle: San Zaccaria; Tel. 0 41/5 28 69 46

Ca' Macana atelier ⤳ S. 136, B 1

Carlos Bassesco entwirft auch Büh-
nenbilder für Theater und Film. Seine
Pappmaschee-Masken greifen auf
Verkleidungen der Commedia dell'
Arte zurück.

Rio Terà San Leonardo 1374, Cannaregio;
Haltestelle: Guglie; Tel. 0 41/71 86 55

SERVICE

Auskunft

**Azienda di Promozione
Turistica** ⤳ S. 136, C 3

Piazza San Marco, 71/F, San Marco,
Haltestelle: San Marco; Tel. 0 41/
5 29 87 27; Mo–Sa 9.30–15.30 Uhr

Ausflug

Murano

Nördlich von Venedig dehnt sich
in der Lagune die heute aus fünf,
ursprünglich aus zehn Teilen bestehende Insel Murano aus, die mit dem
Vaporetto von Venedig aus gut zu
erreichen ist. Ihr Name steht als Sy-
nonym für das Glas, das hier herge-
stellt wird. Seit seiner Gründung hat
sich Venedig mit der Erzeugung von
Glas und Glasmosaiken beschäftigt.
Doch als die Zahl der Einwohner und
der (größtenteils hölzernen) Wohnhäuser im venezianischen Stadtzentrum zunahm, wurden – um der Brand-
gefahr vorzubeugen – alle Glasfabri-
ken auf die Insel Murano verlegt. So
wurde Murano zur Glasmetropole der
Welt, mit etwa 30 000 Einwohnern im
16. Jh., die heute auf rund ein Fünf-
tel zurückgegangen sind. Das Museo
del Vetro auf der Insel Murano zeigt
Glanzstücke von Glasarbeiten aus Ve-

nedig. Auch die gläsernen Lüster in
der Kirche San Pietro Martire, dem
Dom von Murano, sind sehenswert.
Älter als dieses auf das 14. Jh. zurück-
gehende Bauwerk ist die romanische
Kirche Santi Maria e Donato, die
schon im 7. Jh. gebaut wurde, in ihrer
heutigen Gestalt aber aus dem 12. Jh.
stammt. Der Innenraum der Kirche
prunkt mit seinen aufwändigen Fußbodenmosaiken, die aus der Mitte
des 12. Jh. stammen. Die Backstein-
apsiden und der mächtige Glockenturm verleihen dem Campo San Donato eine stimmungsvolle Atmosphäre.
5 km nördl. von Venedig

MUSEUM

Museo del Vetro

⤳ S. 137, nordöstl. D 1

Der Palazzo Giustinian ist heute Sitz
dieses einzigartigen Museums, dessen etwa 4000 Ausstellungsstücke
einen Überblick über insgesamt 2000
Jahre Glasproduktion geben – von
der Römerzeit bis heute. Zu den ältesten Stücken gehört der mit verschiedenen Liebesszenen geschmückte
»Hochzeitskelch Barovier«.

Murano, Fondamenta Giustinian, 8; Haltestelle: Museo; www.museodelvetro.org;
tgl. 10–18, im Winter 10–17 Uhr, Eintritt
5,50 €

Triest

210 000 Einwohner
Stadtplan → S. 138/139

Triest, am äußersten nordöstlichen Zipfel der Adria gelegen und einst Teil Österreich-Ungarns, ist zwar eine kleine, doch eine Weltstadt mit ganz besonderem Charme. Überall spürt man den Geist der k. u. k-Monarchie und fühlt sich zurückversetzt in längst vergangene Zeiten.

SPAZIERGANG

Der Rundgang beginnt mit einem Stück Österreich: Im Park inmitten der **Piazza della Libertà**, vor dem Hauptbahnhof, wurde Kaiserin Sisi, Elisabeth von Österreich, ein Denkmal errichtet. Nun wendet man sich nach rechts, wo der **Borgo Teresiano**, die Neustadt, beginnt. Zwischen dem Hafen und diesem Stadtteil mit seinen regelmäßig angelegten Straßen und den Bürgerpalästen gelangt man zum Canal Grande. Einst ein schiffbarer Kanal mit drehbaren Brücken, sind heutzutage nur mehr kleine Fischerboote verankert. Weiter geht es die Riva Tre Novembre und den Hafen entlang bis zur **Piazza Tommaseo**. In einem der elegantesten Cafés der Stadt, dem Tommaseo, kann man einen »nero« trinken – wie der Mokka in Triest heißt. Über die kleine Via Canale Piccolo gelangt man zum prachtvollen **Teatro Giuseppe Verdi**, wo 1848 die Uraufführung von Verdis Oper »Der Korsar« stattfand. Dahinter steht die Börse, eine der schönsten Bauten des Neoklassizismus, neben einem Vertreter des Jugendstils, der Casa Bartoli. Der anschließende Corso Italia ist eine der wichtigsten Einkaufsstraßen der Stadt. Beim Largo Riborgo biegt man rechts ab und kommt zum Siedlungskern des römischen Tergeste, das sich bis ins Mittelalter auf den Hügel von San Giusto beschränkte. Das römische **Amphitheater**, dessen gut erhaltene Reste man hier sieht, stand einst direkt am Hafen. Nicht so planmäßig wie die unter Maria Theresia und ihrem Sohn Josef II. am Reißbrett konzipierte Stadt verlaufen die schmalen Gässchen, die hinaufführen zum Burghügel mit dem **Castello di San Giusto** und der Cattedrale. Von hier genießt man einen herrlichen Ausblick. Zurück geht es über die Via della Cattedrale, vorbei am Arco di Riccardo, einem römischen Torbogen, bis zur Piazza dell'Unità d'Italia mit ihren Prachtbauten.

SEHENSWERTES

Castello di San Giusto ⤳ S. 139, E 3
Der Bau der Burg wurde 1470 begonnen und erst 1630 fertiggestellt. Ältester Teil ist die Casa del Capitano, die später in eine dreieckige venezianische Festungsanlage integriert wurde: Das venezianische Rundbollwerk, 1508 vollendet, erlaubt einen wunderbaren Panoramablick über die Stadt. Im Lalio- oder Hoyos-Bollwerk (1553–1561) befindet sich ein Restaurant. Das Grüne oder Pomis-Bollwerk wurde erst 1630 fertiggebaut.

Im Castello ist heute eine Waffen- und Rüstkammer neben Sammlungen griechischer Vasen und einer Kollektion römischer Mosaike und Baufragmente untergebracht. Im angeschlossenen unterirdischen Lapidario (nicht zu verwechseln mit dem Orto Lapidario neben der Kathedrale) ist eine Mosaiken- und Statuensammlung aus römischer Zeit zu sehen.

Piazza della Cattedrale

Cattedrale di San Giusto
⤳ S. 139, D 3
Die Kathedrale des Heiligen Justus bestand bis ins 14. Jh. aus zwei Kirchen – eine der heiligen Jungfrau Maria, die andere dem hl. Justus geweiht. Erst dann wurden die beiden Kirchen zur heutigen fünfschiffigen Cattedrale di San Giusto vereint. Die Fassade mit der kostbaren gotischen Rosette wurde hinzugefügt, ebenso wie der Glockenturm. Die Kathedrale

Blick von der Mole auf die Piazza dell'Unità d'Italia, Triests berühmteste Platzanlage, die besonders intensiv das habsburgische Erbe spüren lässt.

ist mit Kostbarkeiten ausgestattet: Besonders schön sind die Mosaiken in der Apsis der zwei Parallelkirchen, eines die Muttergottes mit den Erzengeln und Aposteln darstellend, das andere Christus zwischen San Giusto und San Servolo. Beide wurden in byzantinischem Stil im 12. und 13. Jh. geschaffen. Fresken aus dem 13. Jh. zeigen das Martyrium von San Giusto.
Piazza della Cattedrale

Monte Grisa   ⋯⋯⇢ S. 139, nördl. E 1
Die Kirche Maria Madre e Regina am Monte Grisa ist inzwischen ein Wahrzeichen von Triest: Die in Form eines Dreiecks – als Symbol der Heiligen Dreifaltigkeit – errichtete Kirche (1963–1967) thront am Rande des Karstes im Norden über der Stadt.

Piazza dell'Unità d'Italia
⋯⋯⇢ S. 138/139, C/D 2/3
Die ehemalige Piazza Grande verbindet die Stadt mit dem Meer: auf drei Seiten von einigen der beeindruckendsten Bauten des Borgo Teresiano eingeschlossen, auf der vierten dem Hafen und dem Meer gegenüber offen. Unter den angrenzenden

Prachtbauten stechen das Rathaus (1875), der Palazzo del Lloyd Triestino (1883, der Architekt war der auch von der Wiener Ringstraße bekannte Heinrich Ferstel) und das Hotel Duchi d'Aosta (1873) hervor. Der 16 000 qm große Platz ist das Zentrum Triests und ein Muss für alle Besucher.

Synagoge   ⋯⋯⇢ S. 139, F 2
Eine der größten und bedeutendsten Synagogen Europas: Neben dem Museum für jüdische Geschichte steht der mächtige Bau mit syrischen Stilbezügen (1912 vollendet).
Via San Francesco d'Assisi 19

Museen
Civico Museo Revoltella
⋯⋯⇢ S. 138, C 3
Das Revoltella-Museum ist nicht nur wegen der Sammlung moderner Kunst sehenswert, sondern auch wegen seiner reichen Innenausstattung aus dem 19. Jh. – zum Beispiel dem Esszimmer des Barons Pasquale Revoltella (Stifter des Museums und einer der Financiers des Suezkanals). Die Sammlung zeigt neben Wer-

ken italienischer und internationaler Künstler des 19. und 20. Jh. friulanische und Triestiner Malerei dieser Epoche – Sammlungen vom Neoklassizismus über Impressionismus und Futurismus bis zur Abstrakten Kunst. Wenn »Revoltella-Estate« stattfindet, ist das Museum von Juli bis September abends bis 24 Uhr geöffnet. Dabei finden Musik-, Tanz- und Theateraufführungen statt.
Via Diaz 27; www.museorevoltella.it; Mi–Mo 10–13, 15–19 Uhr; Eintritt 5 €

Civico Museo Sartorio ····⋗ S. 138, C 3
Die Villa entführt ins 19. Jh.: Die Zimmer sind in ihrer Originalausstattung erhalten. Im zweiten Stock ist eine Sammlung von Gemälden (u. a. von Tiepolo und Francesco Guardi), Schmuck, Uhren und Möbeln zu sehen. Der größte Schatz des Museums ist das Triptychon der Santa Chiara, 1328 entstanden, mit Szenen aus dem Leben Jesu.
Largo Papa Giovanni XIII; Mi–So 9–13 Uhr; Eintritt 5 €

ESSEN UND TRINKEN
Caffè degli Specchi ····⋗ S. 139, D 3
Mondänes Café. Fast das ganze Jahr über kann man hier im Freien sitzen und einen Apfelstrudel genießen.
Piazza dell'Unità d'Italia 7; Tel. 0 40/36 57 77

Caffè Tommaseo ····⋗ S. 139, D 2
Liebevoll restauriertes Kaffeehaus, das auch in Wien stehen könnte. Es gibt hausgemachte Torten, und man kann auch ganz hervorragend essen.
Piazza Tommaseo 4/c; Tel. 0 40/36 26 66

EINKAUFEN
Caffè Pasticceria Pirona
····⋗ S. 139, F 3
Hier kehrte schon James Joyce ein, um »presnitz« (mit Nüssen und kandierten Früchten gefüllte Törtchen) und »fave« (Kekse aus Mandelcreme) zu kaufen. Die Pasticceria ist auch

wegen der Glasvitrinen und der Einrichtung im Liberty-Stil sehenswert.
Largo Barriera Vecchia 12

SERVICE
Auskunft
Agenzia Tourismo ····⋗ S. 139, D 3
Piazza Unità d'Italia, 4b; Tel. 0 40/3 47 83 12; www.turismofvg.it

Ausflug
Aquileia
3000 Einwohner

Aquileia dominierte einst den nördlichen Adriaraum. Von hier zweigten seit römischer Zeit wichtige Handelsstraßen ab, und später beherrschten die Patriarchen von Aquileia Venetien und Istrien.
60 km nordöstl. von Triest

SEHENSWERTES
Basilica di Santa Maria Assunta
Die Kirche wurde 1031 auf den Resten eines älteren Gebäudes erbaut. Patriarch Poppo ließ auch den 73 m hohen Campanile errichten. Gegenüber der Kathedrale sieht man das Baptisterium und die Chiesa dei Pagani. Die größte Sehenswürdigkeit der Kirche sind die einzigartigen frühchristlichen Mosaiken aus dem 4. Jh., die den größten Teil des Kirchenbodens – rund 750 qm – bedecken, darunter kunstvolle Arbeiten, die biblische Motive und verschiedene Kirchenväter darstellen. In der Krypta (9. Jh.) sind Fresken aus dem 12. Jh., in der Apsis aus dem 11. Jh. zu sehen.
Piazza Capitolo

Forum Romanum
Das alte Forum (2. Jh.) mit seinen signifikanten Säulen markiert das Zentrum des römischen Aquileia. In einem Rundgang bis zur Basilika sind der alte Flusshafen und diverse Reste von Wohngebäuden zu sehen.
Via Giulia Augusta

Bari

330 000 Einwohner

Das wahre Leben Baris spielt sich nicht in der wunderschön restaurierten Altstadt ab, sondern jenseits des breiten Corso Vittorio Emanuele II., der Trennlinie zwischen der auf einer Halbinsel situierten Altstadt und der zu Beginn des 19. Jh. mit einem rechtwinkeligen Straßensystem angelegten Neustadt. Ein Glücksfall für Bari ist die 1925 gegründete Universität. Sie fungiert im wahrsten Sinn des Wortes als Jungbrunnen der Stadt, denn die Studenten sorgen für frischen Wind, sei es im Straßenbild, sei es mit einer Vielzahl preiswerter Läden und netten kleinen Cafés.

SPAZIERGANG

Eine Umrundung des historischen Kerns, der bis ins 2. Jh. v. Chr. zurückreicht, beginnt am Corso Vittorio Veneto beim byzantinisch-normannischen **Kastell**. In der Fortsetzung nennt sich die Promenade an der Westseite des Neuen Hafens (Porto Nuovo) Corso Antonio de Tullio und nach dem Piazzale Cristoforo Colombo an der Spitze Lungomare Imperatore Augusto. Dazwischen liegt ein verwinkeltes Gassengewirr mit kleinen Plätzen, der großartigen Kathedrale und nicht minder beeindruckenden Kirchen.

Von dort geht es weiter in die Neustadt. Hauptverkehrsstraße ist der am Alten Hafen (Porto Vecchio) rechtwinkelig vom Corso Vittorio Emanuele II abzweigende **Corso Cavour**, gesäumt von Prachtbauten des 19. Jh. mit eleganten Läden, Banken und Restaurants. Etwa in der Mitte stößt dieser wiederum im rechten Winkel auf die Via Nicolai, die zum Universitätsviertel mit dem Archäologischen Museum führt. In schnurgerader Fortsetzung endet der Corso Cavour an der Via Giuseppe Capruzzi unmittelbar hinter der Bahnlinie, die gemeinsam mit der dazu parallel verlaufenden Via Dieta di Bari die Grenze zum modernen Teil mit seinen gesichtslosen Wohnvierteln bildet. Von dort ist es nicht mehr weit bis zum Bahnhof Stazione Bari Nord, an der Piazza Aldo Moro (auf alten Karten noch Piazza Roma). Einen kleinen Einkaufsbummel kann man auf dem Weg zurück machen. Die Via Sparano ist die Einkaufs- und Nobelstraße schlechthin und die eigentliche Lebensader Baris. Sie führt in Richtung Altstadt zurück.

Imposantes Beispiel romanisch-apulischer Architektur: Castel del Monte (→ S. 44). Der symmetrische Bau auf achteckigem Grundriss beeindruckt durch seine schlichte Wucht.

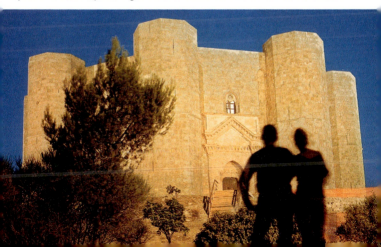

SEHENSWERTES

Basilica San Nicola

Mit dem Bau der »Mutterkirche« sämtlicher Normannen-Kathedralen Apuliens wurde unmittelbar nach der »Ankunft« von Baris Schutzpatron, dem hl. Nikolaus von Myra, 1087 begonnen. Tollkühne Baresen hatten die Gebeine des im 4. Jh. in Kleinasien gestorbenen Märtyrers aus einem schwer bewachten griechischen Kloster geraubt. Der Grund: Mit einem Heiligen dieses Kalibers erwarb sich im Mittelalter eine Stadt eine unschätzbare Privilegien, die pures Geld bedeuteten. In über 100 Jahren (1087–1189) wurde die dreischiffige Basilika mit der Krypta, in der seither die Reliquien von San Nicola ruhen, fertiggestellt.

Largo Elia 13

Castello Svevo

Die ursprünglich byzantinisch-normannische Festung wurde von Friedrich II. 1240 grundlegend umgestaltet und in der Renaissance mit Eckbastionen und neuen Fassaden versehen. Im 16. Jh. diente der Wehrbau vorübergehend als repräsentativer Wohnsitz von Bona Storza, Tochter von Isabella von Aragonien. Später, unter den Bourbonen, wurde er als Gefängnis und Kaserne genutzt.

Piazza Federico II; Do–Di 9–19 Uhr

Cattedrale San Sabino

Der Dom von Bari, 1170 erbaut, ist ein Hauptwerk der apulischen Romanik. Wunderschön ist die Rosette an der Fassade, beachtenswert die sogenannte »Trulla«, ursprünglich das Baptisterium, heute die Sakristei.

Piazza dell'Odegitria; tgl. 8.30–13.30 und 16–19.30 Uhr

ESSEN UND TRINKEN

Alberosole

Kreative mediterrane Küche – eines der besten Restaurants der Stadt.

Corso Vittorio Emanuele II 13; Tel. 0 80/5 23 54 46; www.alberosole.com; Mo und Aug. geschl. ●●●

Terranima

Rustikale apulische Trattoria in der Altstadt. Beste Küche, regionale Weine.

Via Putignani 213; So und Aug. geschl.; Tel. 0 80/5 21 97 25 ●●

SERVICE

Auskunft

Azienda di Promozione Turistica (APT)

Piazza Aldo Moro, 33/A; Tel. 0 80/5 24 22 44; www.viaggiareinpuglia.it

Ausflug

Castel del Monte

Majestätisch thront »Apuliens Krone« kaum 15 km von der Adriaküste entfernt auf einer 540 m hohen Hügelkuppe der nördlichen Murge. Wie kein anderer Bau Friedrich II. hat diese Burg auf achteckigem Grundriss mit ihren acht achteckigen Türmen rund um den achtseitigen Innenhof die Gemüter der Kunsthistoriker erregt. Doch auch Laien stehen verzaubert vor der schlichten Schönheit der klaren Formen und Proportionen des zwischen 1233 oder 1234 und 1249 errichteten Kastells, das der nur ein Jahr nach der Fertigstellung gestorbene Kaiser kaum bewohnt haben kann.

Nicht zuletzt deswegen ranken sich unzählige Mythen um die wohl schönste aller Stauferburgen, und man fragt sich bis heute, welchen Zwecken das sogenannte Jagdschloss eigentlich hätte dienen sollen. Von einem Sitz der Tempelherren ist ebenso oft die Rede wie von geheimen Zusammenkünften obskurer Orden oder Tafelrunden. Dass das Kastell bei der Verfilmung des Umberto-Eco-Bestsellers »Der Name der Rose« als Vorbild für den Schauplatz von Klosterintrigen und Mord herhalten musste, trug zur weiteren Mystifizierung bei.

55 km östl. von Bari

März–Sept. tgl. 10–20, Okt.–Feb. tgl. 9–19 Uhr; Eintritt 3 €

FÜR EINE
GÖTTLICHE ZEIT.

Malta

Der kleine Inselstaat trumpft mit barocker Ritter-architektur und steinzeitlichen Tempelbauten auf.

Vallettas Waterfront (→ S. 48) erstrahlt in neuem Glanze: Die verschnörkelten Fassa-den wurden liebevoll restauriert, mit knallig blauen, grünen und roten Fensterläden und Türen versehen und bilden nun eine hübsche Kulisse für die beliebte Flaniermeile.

Im Herzen des Mittelmeers liegt Malta, einst Bollwerk der Kreuzritter, später britische Kolonie, heute eine gelungene Mischung aus mediterraner Lebensart und englischem Understatement. Die vielen Sprachschüler sorgen in Valletta, der Inselhauptstadt, für eine quirlige Atmosphäre. Einen schönen Gegensatz dazu bildet Mdina, die ehemalige Kapitale, die »die stille Stadt« genannt wird.

Valletta

7000 Einwohner
Stadtplan → S. 140/141

Valletta ist eine recht junge Stadt. Schon ein Bummel über die Republic Street zum **Großmeisterpalast** zeigt deutlich den Charakter der Stadt. Die Straßen sind im Schachbrettmuster angelegt, ein Verlaufen ist unmöglich. Kirchen und Paläste kontrastieren zum kriegerischen Äußeren Vallettas, zeigen Prunk und Wohlstand. Das ständige Auf und Ab der Straßen wird von mehrgeschossigen Wohnhäusern gesäumt, zahllose Holzerker sind für die verwitterten Fassaden farbige Ornamente.

Spaziergang

Vom **City Gate** geht man zunächst die Republic Street hinunter. Man passiert die Ruine des Opernhauses, kann einen Blick in die Häuser der beiden Traditions-Orchester Vallettas, »La Valette« und »The King's Own«, werfen und dort einen Kaffee trinken. Dann kommt man am Archäologischen Museum vorbei zur **St. John's Co-Kathedrale**. Der Markt auf dem Kirchplatz setzt sich auf der Merchants Street fort, von der aus man dann auf den Great Siege Square und die Republic Street zurückkehren sollte. Die Cafés am und auf dem **Republic Square** sind schön für eine Rast, bevor es weitergeht zum **Großmeisterpalast**. Wer Maltas einst verrufenen, heute aber sehr harmlosen

Rotlichtbezirk sehen möchte, macht dann einen kurzen Schlenker durch die **Strait Street** und folgt dann wieder der Republic Street bis zum **Fort St. Elmo** mit dem Kriegsmuseum.

Von hier ist es nicht weit zur **Sacra Infermeria** und zur Multivisionsschau **Malta Experience**. Frische Luft schnappen kann man hinterher in den **Lower Barracca Gardens**, wo seit 1992 auch ein Denkmal zur Erinnerung an den Zweiten Weltkrieg steht. Danach geht es über die Archbishop Street wieder bergan zum Großmeisterpalast und von dort am **Manoel Theatre** vorbei zur Kirche **Our Lady of Mount Carmel** mit eindrucksvoller Kuppel. Ein schöner Blick auf den **Marsamxett Harbour** eröffnet sich schließlich von der **St. Salvatore** und der **St. Andrew's Bastion** aus.

Sehenswertes

Fort St. Elmo ⤑ S. 141, E/F, 1/2

Das Fort, zwischen 1552 und 1553 von den Johannitern ausgebaut, beherbergt heute die maltesische Freiwilligenarmee und das **Nationale Kriegsmuseum**. An 30 Sonntagen im Jahr findet eine einstündige Parade von etwa 80 Soldaten in historischen Uniformen und Rüstungen aus der Ritterzeit statt.
Besichtigung des Forts Sa 13–17, So 9–17 Uhr; Führungen in englischer Sprache jede volle Stunde; Eintritt 4 €; Paraden So 11 Uhr, Termine unter www.maltafestivals.com; Eintritt 6 €

Grandmaster's Palace ⤑ S. 140, C 3

Oberhaupt des Johanniterordens war ein auf Lebenszeit gewählter Großmeister. Er wurde von den Fürstenhäusern Europas als unabhängiger Souverän, als Landesherr Maltas, anerkannt. Entsprechend prächtig fiel sein Palast an der Republic Street aus. Heute sind darin das maltesische Parlament, der Sitz des Staatspräsidenten, die immer noch für offizielle Anlässe genutzten Staatsgemächer und ein Museum untergebracht.

Hagar Qim ist ein eindrucksvolles Beispiel für megalithische Architektur auf Malta.

Der Palast stammt aus der zweiten Hälfte des 16. Jh. Zwei Eingänge führen von der Republic Street auf zwei miteinander verbundene, große grüne Innenhöfe; der Besuchereingang liegt jedoch an der Merchants Street. Am hinteren Ende des Neptunhofes erreicht man über eine Treppe die Säle der Waffenkammer. Vom Prinz-Alfred-Hof führt eine Treppe hinauf in die **Staatsgemächer**. Interessant sind die Deckengemälde und Fresken.
Waffenkammer (Armoury):
tgl. 9–17 Uhr; Eintritt 6 €
Staatsgemächer (State Rooms):
Fr–Mi 10–16 Uhr; Eintritt 6 €

Malta Experience   ┈┈➔ S. 141, E 2
Audiovisionsschau in der St. Lazarus Bastion am Grand Harbour. In einer Dreiviertelstunde wird die Geschichte Maltas von der Steinzeit bis zum Unabhängigkeitstag vorgeführt.
www.themaltaexperience.com; Mo–Fr 11–16, Okt.–Juni Sa, So 11–14, Juli–Sept. Sa, So 11–13 Uhr jeweils zur vollen Stunde; Eintritt 9,50 €

St. John's Co-Cathedral
┈┈➔ S. 140, C 3
Die Barockkirche aus den Jahren 1573 bis 1577 war die Hauptkirche des Johanniterordens. In ihr sind über 400 Ritter beigesetzt. Ihre kunstvoll gestalteten Grabplatten aus verschiedenfarbigem Marmor bedecken den gesamten Kirchenboden und viele Nebenräume. In lateinischer Sprache sind darauf Name und Taten des Verstorbenen genannt. Im Museum der Kathedrale sind u. a. 28 flämische Wandteppiche aus dem 17. Jh. ausgestellt. Der größte Schatz des Museums ist ein 1608 entstandenes Altarbild von Michelangelo di Caravaggio im Oratorium, »Die Enthauptung Johannes des Täufers«.
Mo–Fr 9.30–16.30, Sa 9–12.30 Uhr; Eintritt 6 €

Valletta Waterfront
┈┈➔ S. 140, südl. A 4
Unmittelbar neben dem neuen Kreuzfahrten-Terminal wurden zahlreiche alte Lagerhäuser restauriert, die jetzt als trendige Cafés, Bars, Restaurants und Geschäfte genutzt werden. Mit traditionellen Bootstaxis sind Rundfahrten im Grand Harbour möglich.

Museen
National Museum of Archaeology
┈┈➔ S. 140, B 3
Das National Museum of Archaeology ist im ehemaligen »Palast der Ritter der Provence« untergebracht. Es beherbergt viele interessante Funde aus der Zeit der Tempelbauer.
Republic Street; tgl. 9–19 Uhr; Eintritt 3 €

The Knights Hospitallers 👫
┈┈➔ S. 141, E 2
In den Kellergeschossen des alten Ordenshospitals werden mithilfe originaler Gegenstände anschaulich die verschiedenen Aspekte des Krankenhauswesens der Ritterzeit dargestellt.
Sacra Infermeria; tgl. 9.30–17 Uhr; Eintritt 4 €

ESSEN UND TRINKEN

Giannini ⟶ S. 140, A 3
Das Restaurant auf einer Bastion der Stadtmauer bietet seinen Gästen einen grandiosen Ausblick.
23 Windmill Street; Tel. 21 23 71 21;
Mo–Fr 12–14 und Mo–Sa 19–24 Uhr
●●●●

Cocopazzo ⟶ S. 140, B 3
Das Restaurant serviert kreative maltesisch-mediterrane Küche, auf der Speisekarte steht tagesfrischer Fisch.
South Street (Valletta Buildings);
Tel. 21 23 57 06; tgl. 12–15 und
18.30–22 Uhr ●●●

EINKAUFEN

Malta Crafts Centre ⟶ S. 140, C 3
Diese Ausstellung maltesischen Kunst- und Kleinhandwerks schafft einen guten Überblick über das, was auf Malta produziert wird. Einen Teil der ausgestellten Objekte kann man auch kaufen.
St. John's Square; 16. Juni–30. Sept.
Mo–Fr 9–13.30, 1. Okt.–15. Juni Mo–Fr
9–12.30 und 15–17 Uhr

SERVICE

Auskunft
Malta Tourism Authority
Valletta ⟶ S. 140, B 4
1 City Gate Arcades; Tel. 0 03 56/
22 91 50 00; www.visitmalta.com; Sept.–
Juni tgl. 8–17, Juli/Aug. tgl. 8–14 Uhr

Ausflug

Hagar Qim

Diese steinzeitliche Tempelanlage beim Dorf Qrendi liegt besonders schön in einsamer Natur, oberhalb der hier sanft zum Meer hin abfallenden Küste. Wenn man nur einen Tempel auf Malta besuchen will, sollte es dieser sein.

Er entstand in zwei Phasen um 3500 und um 2800 v. Chr. und besteht aus mehreren Räumen, die von einer gemeinsamen, geschwungenen Fassade eingefasst sind. Ihre Bauweise ist noch gut zu erkennen. Im Allgemeinen bestand sie aus aufrecht stehenden Steinplatten.

Geht man um den Tempelkomplex einmal herum, fallen in der Fassade zwei besonders mächtige **Megalithen** (Großsteine) auf. Der eine beeindruckt durch seine Höhe von 6,4 m, der andere durch seine Gesamtmaße. Er ist 4 m hoch, 7 m lang und 60 cm dick. Sein Gesamtgewicht beträgt um die 20 Tonnen. Sein Transport hierher dürfte unvorstellbare Mühen gekostet haben.

Der **Haupteingang** ist noch sehr gut erhalten. Er wird links und rechts von je einer Reihe von drei senkrecht stehenden Megalithen gebildet, über die eine riesige Deckplatte gelegt wurde. In den jeweils hintersten Megalithen sind noch Löcher erkennbar, in denen einst die Verschlussbalken lagerten. Auffällig sind auch die sogenannten **Fenstersteine.** Das sind senkrecht stehende Steine, in die ovale Löcher eingeschnitten wurden, durch die ein Mensch gerade hindurchsteigen kann. Sie dienten offenbar dazu, den Zugang zu besonderen Räumen des Tempels noch geheimnisvoller und damit vielleicht heiliger zu gestalten. Im »Raum für Gläubige« wird vorstellbar, wie zumindest ein Teil des Tempeldaches konstruiert wurde. An eben jenen Raum schließt sich südöstlich eine kleine Kammer an, die mit diesem Raum nur durch ein kleines Loch in Verbindung steht. Man vermutet, dass in dieser Kammer eine Priesterin saß, die den Pilgern im größeren Raum durch dieses Loch ein Orakel verkündete.

Die »Steine des Gebets«, wie Hagar Qim übersetzt heißt, sind nicht der einzige Tempelkomplex in diesem Gebiet. Nur 10 Minuten entfernt liegen die Tempel von Mnajdra.
15 km südl. von Valletta
tgl. 9–17 Uhr; Eintritt 5 €, zusammen
mit Mnajdra 7 €

Mdina

Die Perle unter Maltas Städten, das von mittelalterlichen Mauern umgürtete Mdina, liegt weithin sichtbar in der Mitte der Insel. Mdina wirkt wie ein großes Freilichtmuseum, obwohl in seinen Mauern noch fast 300 Menschen leben. Der Ort ist nahezu autofrei und daher für maltesische Verhältnisse so ruhig, dass man Mdina auch »die Stille Stadt« nennt.
13 km westl. von Valletta

SPAZIERGANG

Man betritt Mdina durch das Hauptstadttor und sieht gleich linker Hand den **Torre dello Stendardo,** einen Flaggenturm der Ritter aus dem frühen 16. Jh. Ihm gegenüber erhebt sich der **Vilhena-Palast** aus dem Jahre 1730, in dem heute ein naturgeschichtliches Museum untergebracht ist. Gleich darauf biegt die Hauptgasse vor einem Benediktinerinnen-Kloster aus dem 17. Jh. nach links ab und wendet sich sogleich wieder nach rechts. Jetzt steht man auf der Hauptstraße Mdinas, der Villegaignon Street. Sie führt vorbei an alten Adelspalästen wie dem **Palazzo Inguanez** und dem **Palazzo Gatto Murina** aus dem 14. Jh. sowie dem alten Rathaus Mdinas, der Banca Giuratale zum Kathedral-Platz mit der **Kathedrale** und dem **Kathedral-Museum.** Dann folgen an der Villegaignon Street der **Palazzo St. Sophia,** dessen Unterbau bereits von 1233 stammt, und der **Palazzo Costanzo,** der heute als Restaurant dient. Dem Palast gegenüber erheben sich die abweisenden Mauern eines **Karmeliter-Klosters.** Wenige Schritte weiter folgt das **Normannische Haus,** dessen Alter strittig ist. Manche datieren zumindest das Untergeschoss in die Zeit um 1100 zurück, andere meinen, der ganze Bau sei erst um 1500 entstanden. Die Villegaignon Street mündet in den **Bastionsplatz** (Bastion Square) auf einer der ehemals fünf Bastionen der Stadt. Von hier aus hat man einen prächtigen Blick über die Insel. Folgt man nun dem Verlauf der Stadtmauer nach rechts, gelangt man zu den **Fontanella Tea Gardens** (→ MERIAN-Tipp, S. 50). Auf dem Rückweg zum Haupttor passiert man das alte Gerichtsgebäude Mdinas, den **Corte Capitanale.** Statt Mdina durch das Haupttor wieder zu verlassen, besteht auch die Möglichkeit, die Inguanez Street zum zweiten Stadttor hinunterzuspazieren, dem **Griechentor.** Von hier aus führt die St. Paul's Street in nur fünf Minuten ins Stadtzentrum von Rabat mit der **St. Paulus-Kirche.** In unmittelbarer Nähe liegen die **Katakomben** aus frühchristlicher Zeit.

SEHENSWERTES
Cathedral of St. Peter and St. Paul

Die Peter und Paul geweihte Kathedrale ist ein Werk des maltesischen Architekten Lorenzo Gafà. Sie entstand zwischen 1697 und 1702. Für die Gläubigen ist ein Kreuz neben dem Hauptaltar besonders wichtig. Kreuzritter Gottfried von Bouillon soll es 1099 bei der Eroberung Jerusalems getragen haben. Es kam später in den Besitz der Johanniter, die es von Rhodos nach Malta herüberretteten.
St. Paul's Square, Mdina; Mo–Sa 9.30–11.45 und 14–17, So 15–16.30 Uhr; Eintritt frei

---

MERIAN-Tipp

Fontanella Tea Gardens

Einer der schönsten Aussichtspunkte der Insel sind die Fontanella Tea Gardens auf der Stadtmauer von Mdina. Zum Panoramablick werden feine maltesische Kuchen und Gebäck serviert.

Bastion Street, Mdina; im Sommer Mo–Fr 10–23, Sa, So 10–20 Uhr, im Winter 10–18 Uhr

Die »stille«, die »erhabene« – viele Beinamen charakterisieren Mdina, die ehemalige Hauptstadt Maltas, die den höchsten Punkt der Insel wie einen Thron einnimmt.

St. Paul's Catacombs

Die größte unterirdische Grabanlage Rabats wirkt wie ein Labyrinth. Von einer großen, aus dem Fels gehauenen Halle aus führen zahlreiche Gänge an unzähligen Grabkammern im Boden und in den Wänden vorbei. Sie waren die letzte Ruhestätte des »Durchschnittsvolkes«. Einige besonders wohlhabende Familien ließen für Tote aber auch Baldachingräber errichten. Eine Besonderheit sind die steinernen, kreisrunden Agape-Tische, an denen sich die Angehörigen der Toten zu sogenannten Liebesmählern versammelten.

Triq Sant' Agata, Rabat; tgl. 9–17 Uhr; Eintritt 5 €

Tarxien

Der meistbesuchte Tempel der Insel ist mit seinen sechs Einzeltempeln die größte **Tempelanlage** der Republik Malta und stammt aus der Zeit zwischen 3800 und 2800 v. Chr. Die hier entdeckten Fundstücke sind heute allerdings nicht mehr an Ort und Stelle, sondern finden sich im **National Museum of Archeology** (→ S. 48) ausgestellt, in den Tempeln wurden an den jeweiligen Fundstellen gute Kopien platziert.

In Tarxien lässt sich das **Bauprinzip** der meisten maltesischen Tempel gut erkennen. Sie sind in etwa nierenförmig, bestehen aus einem rechteckigen Zentralraum und zwei Nebenräumen. In diesen Tempeln stand eine Reihe verschiedenartig geformter **Altäre**. In Tarxien waren viele dieser Altäre mit Reliefs verziert. Auch die Kopie einer ursprünglich 3 m hohen Monumentalstatue der Magna Mater steht in den Tempeln von Tarxien. Nur ihre untere Hälfte bis hinauf zur Hüfte ist gefunden worden. Die Steinplatte, auf der die Statue steht, ist wie die Altäre mit einem Relief geschmückt. Auffällig sind im Tempelkomplex von Tarxien außerdem große runde **Steinschalen,** die vielleicht für rituelle Waschungen, vielleicht aber auch zur Aufnahme des Blutes von Opfertieren dienten, sowie zwei senkrecht stehende Steinplatten.

6 km von Valletta
Busse 8, 11, 27, 29, 30, 427, 627; tgl. 9–17 Uhr; Eintritt 3 €

Kroatien

Die junge Republik am Ostufer der Adria hat als Urlaubsland bereits eine lange Tradition.

Die »Perle der Adria«, wie Dubrovnik aufgrund seiner kulturellen Bedeutung auch genannt wird, trumpft mit einem Superlativ: Seine Stadtmauern mit den mächtigen Türmen gelten als das besterhaltene Fortifikationssystem Europas.

Wie kleine Perlen schimmern sie im Meer, die über 1200 Inseln, die sich an der Küste Kroatiens entlangziehen. Wenn sie den Blick freigeben aufs Festland, kann man sich kaum satt sehen an dem Kontrast aus leuchtend grauen Felsen und den aus hellem Kalkstein erbauten Städten.

Dubrovnik

50 000 Einwohner
Stadtplan → S. 55

Neue Geschäfte, Cafés und Restaurants haben sich in den letzten Jahren in der Altstadt von Dubrovnik angesiedelt. Viele würdige Bürgerhäuser sind restauriert worden. Wer den außerordentlichen Charme dieses Weltkulturerbes erleben möchte, findet die intensivste Inspiration am frühen Morgen.

Spaziergang
Dubrovnik verfügt über einen geschlossenen **Befestigungsring**, der dem Besucher die Möglichkeit bietet, oben auf der knapp 2000 m langen Wehrmauer die gesamte Stadt zu umrunden und viele der bedeutendsten Sehenswürdigkeiten von oben zu betrachten. Man beginnt den Spaziergang am **Pile-Tor**, das zwischen 1460 und 1537 entstand und heute der am meisten genutzte Zugang zur Altstadt ist. Der Aufgang zur Stadtmauer wird morgens gegen 9 Uhr geöffnet (Eintritt 50 Kuna).

Man geht auf dem Mauerring parallel zum Meer in Richtung Hafen. Unterwegs schweift der Blick hinunter in die Gassenschluchten und Hinterhöfe. Am **St. Margarethen-Turm** vorbei erreicht man schließlich das **Fort Sv. Ivan**, in dem heute das Meeresmuseum untergebracht ist. Weiter führt der Weg an der rückwärtigen Front des **Rektorenpalastes** aus dem 15. Jh., am **Sponza-Palast** (15. Jh.) und am **St.-Lukas-Turm** vorbei bis zum **Ploče-Tor** nahe dem Fort Revelin.

Auch hier lohnt wieder ein Zwischenstopp, um den Blick auf den Hafen und das Meer zu genießen.

Wendet man den Blick zur Altstadt, schaut man auf eine markante Landschaft aus Dachpfannen, bepflanzten Dachterrassen, Antennen, Kuppeln und Türmen. Es ist jetzt der Hangbereich der Mauer erreicht. Hier läuft man am **Dominikanerkloster** vorbei bis zum **Fort Minčeta** und dann weiter bis zum **Pile-Tor**, wo der Weg hinunter in die Altstadt führt. Über die **Placa**, die Prachtstraße der Altstadt, gelangt man zur großen **Sv.-Vlaha-Kirche** aus dem frühen 18. Jh., vor der sich das Roland-Denkmal befindet. Gegenüber liegt der schmucke **Sponza-Palast**, einst Zollamt und Gefängnis, heute Archiv der Stadt. Am Rektorenpalast vorbei geht es zum **Gundulić-Platz**, auf dem an jedem Werktag ein belebter Wochenmarkt stattfindet. Durch die Gasse **Od Puča** erreicht man das **Franziskanerkloster**, kann noch einen Blick auf den prächtigen **Onofrio-Brunnen** aus dem 15. Jh. werfen und kommt schließlich erneut zum Pile-Tor.

Sehenswertes
Dominikanerkloster (Dominikanskisamostan i crkva) ···→ S. 55, c 1/2
Am Sponza-Palast vorbei führt eine Gasse entlang der Festungsmauer zum monumentalen Dominikanerkloster, mit dessen Bau schon im frühen 14. Jh. begonnen wurde und das ein typisches Beispiel dalmatinischer Baukunst ist. Renaissance und Gotik gehen hier Hand in Hand. Neben der Klosterkirche und dem Kreuzgang ist das angeschlossene Klostermuseum sehenswert (→ S. 54).
Sv. Dominika

Franziskanerkloster (Franjevačka crkva i samostan) ···→ S. 55, b 1/2
Das mittelalterliche Gebäude aus dem frühen 14. Jh. beeindruckt nicht zuletzt durch seinen Kreuzgang mit den filigranen Doppelsäulen. Im daran

MERIAN-Tipp

⭐ **Troubadour**
4 Hard Jazz Caffé

So nennt sich dieses seit mehr als 20 Jahren in der Altstadt existierende Lokal, der Treffpunkt der Jazzfreunde und Veteranen der örtlichen Kulturszene. Mancher Künstler, der sich umständehalber nicht in der Lage sah, seine Zeche zu bezahlen, trug seine Schulden ab, indem er dem »Troubadour« ein Gemälde, eine Zeichnung oder eine Fotografie vermachte. Die Wände bezeugen dies. Auch zahlreiche Fotos von prominenten Besuchern aus dem In- und Ausland zieren die Wände.

Eingänge jeweils: Bunideva poljana 2 und Gundulideva poljana 3; Tel. 0 20/41 21 54; ganzjährig bis nach Mitternacht geöffnet   ⤳ S. 55, c 2

angeschlossenen Museum ist neben Goldschmiedearbeiten, historischen Stadtansichten und Gemälden eine originalgetreue Apotheke ausgestellt, eine der ältesten ihrer Art in Europa.
Poljana Paska Miličevića;
in der Saison tgl. 9–18 Uhr;
Eintritt 6 Kuna

Rektorenpalast (Knežev dvor)
⤳ S. 55, c 2
Der bedeutendste Profanbau der Stadt stammt aus dem 15. Jh. und diente einst während der Dubrovniker Republik als Wohnung des Rektors und Sitz des Großen und Kleinen Rats. Kein Geringerer als Michelozzo Michelozzi hat diesen Palast 1463 erneuert. Sehenswert sind vor allem der Innenhof, die barocke Treppe und das interessante Stadtmuseum (→ S. 54), das in den Räumlichkeiten untergebracht ist und das viele Originalstücke aus der Zeit der Dubrovniker Republick ausstellt.
Pred Dvorom 1; tgl. 9–18 Uhr;
Eintritt 15 Kuna

MUSEEN
Meeresmuseum
(Pomorski muzej)   ⤳ S. 55, d 3
Hier finden sich historische Funde aller Art aus dem Meer (Amphoren, Münzen, Keramik), dazu Schiffsmodelle, Gemälde, Seekarten, Urkunden und Schiffsinventar ausgestellt.
Tvrddava Sv. Ivana; Di–So 9–19 Uhr;
Eintritt 15 Kuna

Museum im Dominikaner-
kloster   ⤳ S. 55, c 1
Zu den Exponaten zählen Devotionalien, historische Gemälde (darunter ein berühmtes Tizian-Bild), Altarbilder, Schmuck aus venezianischer Zeit und Messbücher.
Sv. Dominika 4; tgl. 9–18 Uhr;
Eintritt 10 Kuna

Stadtmuseum
(Dubrovački muzej)   ⤳ S. 55, c 2
Interessante Sammlung zur Geschichte der Republik Dubrovnik. Besondere Aufmerksamkeit verdient das Kabinett des Rektors. In einem kleinen, mit Intarsien verzierten Kästchen befinden sich die vier Schlüssel der beiden Stadttore Dubrovniks.
Pred Dvorom 3; Mo–Sa 9–13 Uhr;
Eintritt 10 Kuna

ESSEN UND TRINKEN
Domino   ⤳ S. 55, b 2
Gepflegtes und beliebtes Restaurant, eines der besten in der Altstadt.
Od Domina 6; Tel. 0 20/43 28 32;
1. Dez.–7. Jan. geschl. ●●●

Kamenice   ⤳ S. 55, c 2
Am Gundulić-Platz (Wochenmarkt) gelegen mit einfacher Einrichtung, aber gutem Angebot an kleinen Happen.
Gundulićeva poljana 8;
Tel. 0 20/4 21 49 9 ●●

SERVICE
Auskunft
Fremdenverkehrsbüro   ⤳ S. 55, b 2
Cvijete Zuzorić 1/II; Tel. 0 20/32 38 87;
www.tzdubrovnik.hr

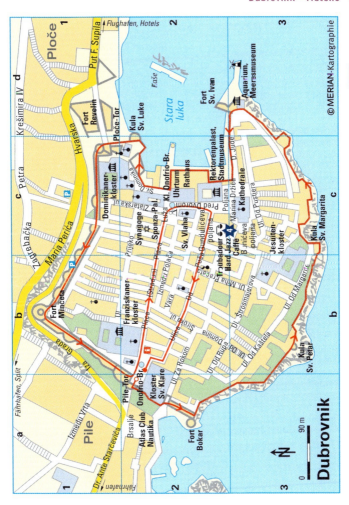

Ausflug

Trsteno

Der Küstenort wartet mit einem einzigartigen Arboretum auf, in dem viele seltene und alte Bäume und Sträucher aus dem Mittelmeerraum und anderen Klimazonen zu sehen sind. Der fast 3 ha große Park wurde 1502 von der Dubrovniker Patrizierfamilie Gučetić-Gozze angelegt. Den Prachtgarten schmücken Fontänen, Wasserkanäle, Steinskulpturen und Brunnen. Im Park sind außerdem viele Bäume, Sträucher und Pflanzen mit Namen bezeichnet.

20 km nordwestl. von Dubrovnik
Tel. 0 20/75 10 19; tgl. 8–19 Uhr,
im Winter bis 16 Uhr; Eintritt 12 Kuna

Split

200 000 Einwohner
→ Stadtplan S. 142/143

Die nach Zagreb zweitgrößte Stadt Kroatiens hat sich in jeder Hinsicht zur Metropole der gesamten Küstenregion entwickelt. Die Stadt ist vor allem Verkehrsknotenpunkt, Kultur-, Wirtschafts- und Handelszentrum. Anders als auf den vorgelagerten Inseln spürt man hier das rasante, stets von Menschengedränge geprägte Ambiente einer Großstadt. Nach wie vor gilt der Diokletian-Palast als das am meisten besuchte touristische Ziel.

SPAZIERGANG

Beim Wochenmarkt nahe der **Sv. Dominik-Kirche** startet der Spaziergang und führt zunächst zum **Diokletian-Palast** und zur **Dominiuskathedrale**. Bei der Kathedrale unbedingt auf die monumentale Pforte achten. Sie wurde 1214 aus Walnussholz geschaffen und zeigt eine Vielzahl von handgeschnitzten Szenen aus dem Leben Christi. Nach der Besichtigung der Kathedrale geht es über die belebte **Krešimirova** und den **Narodni trg**, den zentralen und stets belebten Platz in der Altstadt. Der Spaziergang führt weiter über die Gasse **Kraj Sv. Marije**. Hier konzentrieren sich Einzelhandelsläden, darunter auch Geschäfte für typisch dalmatinische Spezialitäten. Man überquert die Marmontova und erreicht den **Trg Republike**. Er ist an drei Seiten von Gebäuden im Stil der Neorenaissance eingefasst, die in der zweiten Hälfte des vergangenen Jahrhunderts – inspiriert von der Architektur Venedigs – entstanden sind. Zur Seeseite hin liegt das altehrwürdige, etwas heruntergekommene Hotel Bellevue. Ihm angeschlossen ist ein Terrassencafé mit schönem Blick über den Platz. Auch die breite Uferpromenade mit schönen Cafés bietet sich für eine Pause an. Über diese gelangt man zurück zum Wochenmarkt.

SEHENSWERTES

Diokletian-Palast (Diokle-cijanova Palača) ····› S. 143, E 3

Diese für Kaiser Diokletian erbaute Palastanlage, entstanden zwischen 295 und 305, ist heute das imposanteste Denkmal römischer Zeit in Dalmatien. Der Gebäudekomplex umfasste eine Größe von 180 mal 125 m und wurde als römische Villa und Festung mit Wachtürmen und wehrhaften Mauern (18 m hoch und 2 m dick) angelegt. Viele Broschüren über den Diokletian-Palast enthalten eine interessante Zeichnung, die verdeutlicht, wie das fast quadratische Gebäude in der Antike vermutlich ausgesehen hat. Überdauert haben Teile der äußeren Befestigungsmauer mit ihren Toren und einige Gebäudeteile im Innern. Sehenswert sind etwa die Überreste des Peristyls, wo sich der Kaiser seinerzeit seinen Untertanen und offiziellen Gästen zeigte. Der von korinthischen Säulen umrahmte Innenhof ist heute eine grandiose Kulisse für Terrassencafés. Vom Peristyl aus erreicht man über Stufen die **Kathedrale Sveti Duje** (Heiliger Dominius), ehemals das Mausoleum des Kaisers Diokletian. Nach seinem Tod 313 wurde der Palast zunächst als Zufluchtsort verbannter Despoten und Mitglieder der kaiserlichen Familie genutzt. Ab 600 residierten hier die oströmischen Statthalter. Nachdem die Siedlung Salona 614 von den Awaren und Slawen zerstört worden war, flüchteten viele Bürger aus Salona in den nahe gelegenen Diokletian-Palast. In der Folgezeit entwickelte sich um den Palast herum die Stadtgemeinde Spalatum, aus der später die Stadt Split hervorging.

MUSEEN

Archäologisches Museum ····› S. 143, D 1/2

Das Museum birgt Funde aus der römischen Siedlung Salona (heute Solin). Zrinjsko-Frankopanska ulica 25; Mo–Sa 9–13, So 10–12 Uhr; Eintritt 10 Kuna

Meštrović-Galerie   ⟶ S. 142, A 4

Hier ist die berühmte, viel besuchte Ausstellung der Werke von Ivan Meštrović (1883–1962), dem bedeutendsten und prominentesten Bildhauer Kroatiens, untergebracht. In der auf der Marjan-Halbinsel gelegenen Galerie sind viele sehr eindrucksvolle Holz- und Metallskulpturen des großen Meisters zu sehen sowie das ehemalige Wohnzimmer.

Šetalište Ivana Meštrovića 46; Sommer Di–Sa 10–18, So 10–15, Winter Di–Sa 10–16, So 10–15 Uhr; Eintritt 15 Kuna

ESSEN UND TRINKEN

Konoba Varos   ⟶ S. 143, D 3

Das Restaurant liegt im ehemaligen Fischer- und Bauernviertel von Split und imponiert seit Jahrzehnten durch eine gelungene Mischung aus rustikaler Gemütlichkeit und einem vortrefflichen Angebot an dalmatinischen Traditionsgerichten. Das Preis-Leistungs-Verhältnis stimmt ebenfalls.

Ban Mladenova 7; Tel. 0 21/39 61 38 und 0 21/34 14 56; tgl. geöffnet ●●●

EINKAUFEN

Prstac   ⟶ S. 143, D 3

Im Angebot sind dalmatinische und andere Delikatessen. Weine, Spirituosen, Fischkonserven, Olivenöle.

Matošića 3

SERVICE

Auskunft

Informationsbüro des Fremdenverkehrsverbandes   ⟶ S. 143, E 3

Peristil/Crkvica Sv. Roka (in der Altstadt), Tel. 0 21/34 56 06; www.visitsplit.com

Ausflug

Trogir

8500 Einwohner

Die viel besuchte Küstenstadt verfügt über einen kompakten mittelalterlichen Altstadtkern mit bedeutenden Monumenten (UNESCO-Weltkulturerbe). Die von Wehrmauern umschlossene Altstadt mit ihren Palastbauten, Kirchen und Bürgerhäusern entstand im Wesentlichen zwischen dem 13. und 17. Jh. Bedeutendstes Bauwerk ist die imposante Kathedrale **Sveti Lovro** (angeschlossen ist ein Kathedralenmuseum), mit deren Bau um 1200 begonnen wurde. Im Inneren der Kathedrale beeindruckt vor allem die Taufkapelle Sv. Ivan Ursini. Sie gilt als bedeutendes Denkmal der Renaissance und stammt aus dem 15. Jh. Mittelpunkt des Altstadtensembles ist der Trg Ivan Pavia II.

25 km westl. von Split

Einst Treffpunkt römischer »Togati«, heute Tummelplatz der Touristen: der Diokletian-Palast in Split, dessen Überreste in die spätere Stadt integriert wurden.

Griechenland

Die Wiege europäischer Kultur präsentiert sich dem Kreuzfahrer als perfekter Gastgeber.

Auf Schritt und Tritt findet sich der Griechenlandbesucher mit der Antike konfrontiert. Am Fuße der Athener Akropolis (→ S. 67) erhebt sich dieser Torbau, der einst Zugang zur römischen Agorá, einem mit Geschäften umgebenen Marktplatz, gewährte.

Willkommen in der Ägäis! Griechenland gilt als die Wiege des Abendlandes. Hier lassen sich heute noch Geschichte und Geschichten aufspüren, zum Beispiel im minoischen Palast von Knossos, im antiken Olympia oder auf der Akropolis in Athen. Aber auch die griechische Gastfreundschaft ist eine Entdeckung wert!

KORFU

Nicht karg und felsig wie die meisten griechischen Inseln, sondern in üppigem Grün präsentiert sich Korfu, die zweitgrößte der Ionischen Inseln. Schon Kaiserin Elisabeth von Österreich, Sisi, konnte sich der herben Schönheit der Insel kaum entziehen.

Korfu-Stadt
45 000 Einwohner

Die Venezianer legten den Grundstein für dieses einzigartige Städtchen. Ein bisschen Paris bauten die Franzosen dazu, und die Engländer motzten es schließlich mit ihrem bombastischen Kolonialstil auf. Die Insel selbst stiftete das Grün für die britischen Parkanlagen. Da blieben den Griechen nur noch die Kirchen.

Das Herz von Korfu-Stadt bildet das **Cambiello-Viertel** aus venezianischer Zeit. Zwar sind die Wohnviertel längst über dieses Zentrum hinausgewachsen. Doch gehen auch die Korfioten zum Bummeln gern auf die Esplanade und durchstreifen die von vier- und fünfstöckigen Häusern gesäumten Gassen.

SPAZIERGANG

Der einstündige Altstadtbummel beginnt beim Schloss, dort führt der Weg links durch das Georgs-Tor, Weiter geht es links um die Ecke in die Arseniou-Straße. Jenseits des Wassers erkennt man die Insel Vidós. An Restaurants vorbei gelangt man zum Byzantinischen Museum in der Kirche der Panagía Antivouniótissa, in dem Ikonen berühmter Maler ausgestellt sind (Odós Arseníon; Di–So 8.30–15 Uhr; Eintritt 2 €). Geradeaus liegt der alte Hafen, oberhalb davon die Neue Festung. Vorbei am Hotel Astron folgt das Gerichtshaus mit ionischen Säulen im Obergeschoss. Der Weg führt links auf den kleinen Platz zu (neben Donzelot Nr. 27) und weiter die Stufen zur **Mitropolis** hinauf, der Hauptkirche (Panagía Spiliótissa). Prachtstück der Kirche ist eine Muttergottes-Ikone aus dem 15. Jh., von beiden Seiten bemalt.

Nun geht es nach links in die Straße Agía Theodora hinein, dann nach rechts in die enge Odós Philhellinon mit vielen kleinen Geschäften. Am Ende der Straße stößt man auf das älteste Geschäft der Stadt, das Olivenholzartikel verkauft. Hier muss man rechts in die Philarmonikis einbiegen. Bei der nächsten Querstraße teilt ein einzelnes Haus die schmalen Wege gegenüber. Man wählt die linke Gasse (Odós Michalis Theotóki) und geht geradeaus. An der nächsten Querstraße (Eugeni Voulgaréos) stößt man auf die Rückseite des Rathauses, weiter geradeaus folgt der **Rathausplatz** mit der katholischen Bischofskirche von 1665. In der Fassade des Rathauses erkennt man die Symbole der Inseln.

Stufen führen zu Cafés unter Bougainvilleen; links die römisch-katholische Kathedrale. An ihr geht man entlang und die Guilford-Straße hinauf. An der Ecke der dritten Querstraße biegt man nach links in die Eparchou ein. Die »hohle Gasse«, in der über den Köpfen die Wäsche flattert, führt zur **Esplanade**, der schönste Festsaal Griechenlands unter freiem Himmel. Cafés laden zum Verweilen ein. An der Esplanade wendet man sich nach links, vorbei am Hotel Arkadion und weiter entlang der Kapodistrias-Straße geht es am Ende der Cafés nach links in die Straße des hl. Spiridon. Der Turm mit roter Haube weist den Weg zur Kirche des Inselpatrons. Wenn man die Kirche quer durchschreitet, steht man auf der Platía Iróon Kipriakoú Agónas mit zwei weiteren Kirchen. Im Haus Nr. 4 (Ionische Bank) befindet sich das **Papiergeld-Museum** (Kernzeit 9–14 Uhr; Eintritt frei). Die Kirche linker Hand ist der Muttergottes Phaneroménis, die andere Johannes dem Täufer geweiht. Nun biegt man links zwischen den beiden Gotteshäusern in die Nikifóros Theotóki ein und geht geradewegs auf die Esplanade zu.

Alte Festung

In der stattlichen Burg kann man die Zeiten Venedigs, der Briten und der Septinsularen Republik an den verschiedenen Bauwerken studieren. Man überquert die Kontrafossa und betritt den ersten Hof. Die Kaserne, auf die man zugeht, ist in britischer Zeit entstanden, ebenso die St. Georg-Kirche im Innenhof. In den Torgebäuden werden Ausstellungen byzantinischer Kunst gezeigt.

Esplanade; tgl. 8–20 Uhr; Eintritt 4 €

Kirche des hl. Spirídon

Die Kirche, von zwei Seiten zu betreten und ständig von Gläubigen besucht, beeindruckt durch wertvolle Deckengemälde, die »Ouraniá«. Das Gotteshaus wurde Ende des 16. Jh. errichtet. Vorne rechts, in einer separaten Kapelle, steht der mit Edelsteinen geschmückte Sarg des hl. Spirídon, dessen Leichnam nicht verwest ist. Meist ist der Deckel geschlossen. Gläubigen wird er geöffnet, damit sie den Glassarg küssen können.

Odós Spiridon

Königspalast

Der Königspalast bildet den Nordriegel der Esplanade und wurde zwischen 1818 und 1823 nach Plänen von George Whitmore als Residenz der britischen Lord-Hochkommissare erbaut. Er beherbergt im Erdgeschoss den großen Saal. Eine breite Treppe führt ins Obergeschoss zu den Staatsräumen. Im Palast ist das **Museum für Asiatische Kunst** (→ S. 60) untergebracht, ebenso die **Städtische Galerie (Pinakothek).**

Esplanade

Menekrates-Grab

In der Nähe der alten Stadt, Paleópolis, wurden ein antiker Friedhof mit einigen Grabstätten gefunden, darunter das um 600 v. Chr. errichtete Grabmal des Befehlshabers Menekrates. Von der Uferpromenade, der Dimokratias-Straße, biegt man beim Obelisken rechts in die Menekratous-Straße ein. Links neben der Polizeistation erkennt man das Runddach des Grabes.

Neue Festung

Die Neue Festung, von Venedig ab 1570 angelegt, war lange Zeit gesperrt, da einige Gebäude von der Marine genutzt werden. Das imposante Bollwerk ist heute wieder zugänglich. Der Weg zur höchsten Spitze führt über Metallstufen. Oben genießt man einen herrlichen Rundblick. Die Briten ließen weite Teile der Neuen Festung schleifen.

Odós Salomón; tgl. 9–21 Uhr; Eintritt 2 €

Archäologisches Museum

Das Museum birgt Funde aus Korfus »klassischer« Vergangenheit. Zu den Prunkstücken gehören Reliefs aus dem Artemis-Tempel (590–580 v. Chr.), darunter die 3 m hohe Figur der Gorgo, eine Furcht erregende Frauengestalt.

Odós Vraila 1; Di–So 8.30–15 Uhr; Eintritt 3 €

Museum für Asiatische Kunst

Das für Griechenland einmalige Museum beherbergt Sammlungen aus dem Besitz mehrerer Diplomaten mit rund 10 000 Objekten aus China, Japan und Indien.

Im Königsschloss an der Esplanade;
Di–So 8.30–15 Uhr; Eintritt 3 €

ESSEN UND TRINKEN
Faliráki
Erlesene Küche, direkt am Wasser,
unterhalb des Schlosses.
●●●

Chrisi
Auch von den Einheimischen gern
besucht. Landestypische Gerichte.
Ecke Odós Michalis Theotóki/
Sebastianoú ●●

EINKAUFEN
Antonis Fokas
Hier findet man schönes Kunsthand-
werk in vielerlei Form.
Odós Spirídon 43/45

Wochenmarkt
Im Graben der Neuen Festung: Obst,
Gemüse, Fisch, Oliven, Wäsche.
Tgl. außer So 8–14 Uhr

SERVICE
Auskunft
Griechische Zentrale für
Fremdenverkehr (EOT)
Odós Dimitríou Kolla 3; Tel. 2 66 10/3 75

Ausflug

Achilleion

Außerhalb von Korfu-Stadt, beim Dorf
Gastoúri, llegt das Achilleion, das
Schlösschen von Kaiserin Elisa-
beth von Österreich. Es wird als
Gedächtnisstätte noch heute liebevoll
gepflegt. Sisi erwarb das Grundstück
des Dichters und Politikers Braila-
Armenis und ließ ihr »Feenhaus«
1890/91 in neupompejanischem Stil
erbauen. Sie benannte den Bau nach
Achill, ihrem Lieblingshelden aus der
Mythologie. Ein sterbender Achill, eine
Marmorfigur des Berliner Bildhauers
Ernst Herter, ziert noch heute ein Ron-
dell im herrlichen Park. Gemälde im
Treppenhaus und im Saal, der als
Kasino diente, erinnern an den Troja-
nischen Krieg. Nach Sisis Ermordung
kaufte Wilhelm II. 1907 das Anwesen
und ließ es umgestalten. Den »ster-
benden Achill« ließ der deutsche
Kaiser am Aussichtsplatz durch eine
Kolossalstatue aus Bronze, den »sieg-
haften Achill«, ersetzen.
10 km von Korfu-Stadt
Tel. 2 66 10/5 62 10; tgl. 8–19 Uhr;
Eintritt 7 €

*Ein »Zuckerbäckerschloss« mit märchenhaftem Garten ist Sisis Achilleion, das die
österreichische Kaiserin nach dem unglückseligen trojanischen Helden benannte.*

Katakolon/Olympia

1000 Einwohner

Olympia liegt nicht am Meer. Deswegen legen die Kreuzfahrtschiffe meist für sechs bis sieben Stunden im kleinen Hafen von Katakolon (600 Einw.) an der Westküste der Peloponnes an und bringen ihre Gäste per Bus in das 32 km entfernte Olympia.

Olympia ist heute nur ein kleines, aber durch die gleichnamigen Spiele weltberühmtes Dorf. Für 776 v. Chr. sind sie zum ersten Mal nachweisbar. Damals dauerten sie nur einen Tag und kannten nur eine Disziplin, den Stadionlauf über eine Strecke von etwa 180 m. Über 1100 Jahre lang trafen sich in der Folge Athleten aus der gesamten griechischen und später auch römischen Welt alle vier Jahre, um hier immer zahlreicher werdende Wettkämpfe zu Ehren des Göttervaters Zeus auszutragen. Mit dem Verbot der heidnischen Kulte durch Kaiser Theodosios 393 erlosch diese Tradition, bevor sie Baron de Coubertin 1896 zu neuem Leben erweckte. Im Rahmen der Olympischen Spiele in Athen 2004 fanden im antiken Stadion erstmals wieder Wettkämpfe statt: Die Wettbewerbe im Kugelstoßen wurden hier ausgetragen. Bei den schweren Waldbränden im Sommer 2007 kamen die Flammen ganz nahe an Dorf und Ausgrabungen heran. In welch üppiges Grün Olympia bis dahin eingebettet war, zeigt der Blick nach Westen, während in der anderen Richtung noch deutliche Brandspuren zu erkennen sind.

SPAZIERGANG

Olympia auf eigene Faust zu besichtigen lohnt angesichts knapp bemessener Zeit und guter Führungsangebote kaum. Ortszentrum, Museum und Ausgrabungsgelände liegen jeweils etwa 5–10 Gehminuten voneinander entfernt, die Hauptstraße des modernen Dorfes mit ihren Geschäften ist nur etwa 500 m lang.

SEHENSWERTES

Ausgrabungsgelände

Beim Rundgang durch das Heiligtum sieht man die Überreste antiker Spielstätten ebenso wie das antike »Olympische Dorf«, Gästeherbergen und vor allem die Bauten in der Altis als dem Göttervater Zeus und seiner Gemahlin Hera geweihten heiligen Bezirk.

Rechter Hand liegt zunächst das lang gestreckte Gymnasion als Trainingsstätte für die Läufer. Daran schließt sich die quadratische Palästra an, in der Ring- und Faustkämpfer übten. Die Ruinen einer frühchristlichen Basilika markieren dann die Werkstatt des Phídias, in der der berühmte Bildhauer 440–430 v. Chr. eine mehr als 12 m hohe Zeus-Statue aus Gold, Elfenbein und Edelsteinen schuf, die als eines der antiken Weltwunder galt und im Zeus-Tempel Aufstellung fand. Das sich anschließende quadratische Leonidaion aus dem 4. Jh. v. Chr. war ein Gästehaus für antike VIPs mit prunkvollen Garten- und Brunnenanlagen.

Eine wieder aufgerichtete Säule und zahllose Säulentrommeln künden ebenso wie das 2,5 m dicke Fundament vom Zeus-Tempel aus der Mitte des 5. Jh. v. Chr., dessen Dach einst über 20 m hoch aufragte. Nur wenige Schritte davon entfernt markieren mehrere ganz unterschiedliche Säulen den Hera-Tempel aus dem 6. Jh. v. Chr., vor dem alle zwei Jahre das olympische Feuer für die neuzeitlichen Olympischen Spiele entzündet wird. Östlich schließen sich daran die prächtige Brunnenanlage des Nymphaions des Herodes Atticus aus dem Jahr 158 v. Chr. und die Terrasse der Schatzhäuser an. In ihnen deponierten viele griechische Stadt- und Inselstaaten ihre Weihegaben an Zeus. Aus der Nordostecke der Altis führte ein gewölbter Gang, von dem nur noch ein Bogen erhalten ist, Athleten und Kampfrichter ins Stadion. Eine steinerne Loge gab es nur für die Kampfrichter, alle anderen – bis auf die Priesterin der Hera ausschließlich männlichen – Zuschauer schauten den Wettkämpfen der völlig nackt antretenden Athleten von den begrünten Erdwällen aus zu.

April–Okt. tgl. 8–19.30, Nov.–März tgl. 8–17 Uhr; Tel. 26 24 02 27 42

MUSEEN
Archäologisches Museum
Im großen Mittelsaal des Museums sind die Giebelskulpturen vom Zeus-Tempel wieder zusammengefügt. An den Schmalseiten des Saals hängen die Metopen des Tempels, die als Reliefplatten einen umlaufenden Fries unter dem Dach bildeten. Meisterwerke der Bildhauerkunst sind die Nike des Paeonios aus parischem Marmor, die einst auf einem 8 m hohen Sockel neben dem Zeus-Altar stand, und der Hermes des Praxiteles aus der Zeit um 330 v. Chr. Nautische Bezüge hat der bronzene Rammbock eines antiken Kriegsschiffes in Saal 3.

April–Okt. tgl. 8–19, Nov.–März Mo 10.30–17, Di–Fr 8–17, Sa, So 8.30–15 Uhr; Tel. 26 42 02 27 42

Museum der Ausgrabungen
Fotos, Dokumente und persönliche Hinterlassenschaften illustrieren die Arbeit der Archäologen seit 1875.

Am Weg von den Ausgrabungen in den Ort, Öffnungszeiten wie Archäologisches Museum; Tel. 26 42 02 25 29

Museum der Olympischen Spiele
Der aufwändig restaurierte erste Museumsbau von Olympia von 1886 dokumentiert die sportliche Seite der antiken Spiele auch mithilfe aufschlussreicher Rekonstruktionszeichnungen. Man sieht antike Sportgeräte, Vasenmalereien mit athletischen Bezügen, bronzene Urkunden und erfährt auch etwas über die ebenfalls alle vier Jahre in Olympia abgehaltenen Spiele für Frauen, die »Heraia«.

Am Weg von den Ausgrabungen in den Ort, Öffnungszeiten wie Archäologisches Museum; Tel. 26 42 02 25 44

Reste des überwölbten Gangs, der einst in das Olympische Stadion führte.

Museum der Olympischen Spiele der Neuzeit
Das kleine private Museum zeigt den Alltag der Athleten während der modernen Spiele. Man sieht olympische Fackeln, Essensgutscheine für die Sportler und so manch Profanes mehr.

Odós Kosmopoúlou (im Dorf an der zweiten oberen Parallelstraße zur Main Street); tgl. 8–15.30 Uhr

ESSEN UND TRINKEN
Praxitélis
Kleine Taverne mit guter Auswahl an regionalen Gerichten, flinker Service.

Odós Spiliopoúlou 3 (2. obere Parallelstraße zur Main Street), neben der Polizeistation; Tel. 26 24 02 35 70; tgl. ab 9 Uhr ●

SERVICE
Auskunft
Municipal Tourist Information
Main Street (Odós Kondíli); Tel. 26 24 02 31 00; www.olympia-greece.org

Die antike Götterwelt

Auf die Spuren mächtiger Götter und sagenhafter Helden begibt sich der Mittelmeerkreuzfahrer.

Wer heute zwischen Rom, Malta, Alexandria und Istanbul kreuzt, berührt die Routen sagenhafter Helden wie die von Odysseus oder Iason und den Argonauten, folgt den Spuren römischer Staatsmänner und Kaiser wie Cicero und Augustus oder denen berühmter Liebespaare wie dem Römer Antonius und seiner ägyptischen Cleopatra.

Sie alle haben kein Schiff bestiegen, ohne ihr Schicksal zuvor in die Hände des Meeresgottes zu legen, den die Griechen Poseidon und die Römer Neptun nannten. So wie heute an den Häfen Griechenlands und Zyperns die meist zierlichen Kapellen des hl. Nikolaus als Beschützer der Seereisenden nicht fehlen dürfen, standen dort in der griechischen und römischen Antike kleine Schreine für den mächtigen Beherrscher der Meere, grüßte die Seereisenden auf dem Kap Sounion bei Athen sogar weithin sichtbar ein imposanter Tempel des Gottes, vor dem die Menschen ihre Opfer darbrachten.

POSEIDON – DER MEERESGOTT

Poseidon, der Herrscher über die Meere, war – ebenso wie Hades, der Gott der Unterwelt – ein Bruder des Göttervaters Zeus. Mit seinem Dreizack wühlte er das Meer auf, spaltete damit aber auch Felsen und ließ gelegentlich die Erde erbeben. Oft fand er sich auf dem Götterberg Olymp ein und teilte dort Nektar und Ambrosia mit den anderen elf olympischen Göttern.

Sein fester Wohnsitz jedoch war ein Palast auf dem Grund der Ägäis. Dort lebte er mit seiner Gattin Amphitrite, die ihn keineswegs ganz freiwillig geheiratet hatte. Vor der Verbindung mit Poseidon hatte sie sich Schutz suchend zu Atlas in den Westen der Erde geflüchtet, auf dessen starken Schultern der Himmel ruhte. Poseidon sandte viele Meeresbewohner aus, nach ihr zu suchen. Erst ein Delfin konnte sie schließlich ausfindig machen, zur Rückkehr nach Griechenland und damit in die Arme ihres Bräutigams bewegen – der Del-

fin galt fortan als heiliges Tier des Odysseus und stand unter Poseidons besonderem Schutz.

AIOLOS – DER HERR DER WINDE
Ebenso wie das sich stets verändernde Meer für die Seereisenden in der Antike kein seelenloses Naturphänomen, sondern Werk eines Gottes war, kannten sie auch die göttlichen Wesen, die für die Winde, für Stürme und Flauten verantwortlich zeichneten. Ihr Herr war Aiolos, von den Römern Aeolus genannt. Auf der römischen Agorá von Athen steht bis heute sein bedeutendstes Denkmal, der »Turm der Winde«.

Aiolos war ein Sohn des Poseidon. Die anderen Winde waren seine Diener, die ihr Herr nach Belieben frei ließ oder gefangen hielt. So hatte er sie vor der Heimreise des Odysseus von den Gestaden Trojas zu seiner Heimatinsel Ithaka in einen Schlauch aus der Haut eines Stiers gesperrt dem Helden mitgegeben. Kurz vor dem Ziel öffneten dessen Gefährten jedoch den Schlauch. Die Winde entwichen und trieben mit dem ersten Kreuzfahrer der Geschichte ihr widriges Spiel, jagten ihn kreuz und quer durchs östliche Mittelmeer und vielleicht noch darüber hinaus am himmelstragenden Atlas vorbei in die Weiten von Nordsee und Atlantik. Alle Winde trugen bei den alten Griechen Namen: Von Norden wehte Boreas, von Westen Zephyros, Notos von Süden und Euros von Osten.

HELIOS – DER SONNENGOTT
Zu jeder Kreuzfahrt im Mittelmeer gehört viel Sonnenschein. Für die Menschen des Altertums war auch die Sonne kein »seelenloser Feuerball« (Friedrich Schiller), sondern ein Gott. Helios war sein Name. Seine Schwester Eos, Göttin der Morgenröte und Mutter der Winde, bereitete ihm den Weg. Der Morgenstern eilte ihr voran, während alle anderen Gestirne vor ihr flohen. Dann erstürmte Helios selbst in seinem von vier Feuer schnaubenden, geflügelten Rossen gezogenen Himmelswagen das Firmament. Er brachte Licht und Wärme, war ein Quell allen Lebens auf Erden – aber sah auch alles, weswegen man ihn beim Eid als Zeugen benannte. Seine irdische Heimat war die griechische Insel Rhodos, die er bis heute besonders ausgiebig mit seinen Strahlen verwöhnt.

Poseidon, der mächtige Herrscher über die Meere, wird meist als muskulöser Mann dargestellt. Seine Waffe ist der Dreizack.

Athen

775 000 Einwohner
Stadtplan → S. 144/145

Athen, die alte junge Stadt zwischen Tradition und Moderne, beschreitet selbstbewusst ihren Weg ins 21. Jh. Prunkstück und Wahrzeichen der Stadt, ihre Keimzelle und Wiege der Demokratie ist die Akropolis. Um sie herum erkundet man bequem zu Fuß die wichtigsten archäologischen Stätten. Daneben gilt es, das geheimnisvolle Byzanz, türkisches Flair und eine pulsierende moderne Metropole, die niemals schläft, zu entdecken.

SPAZIERGANG

Der Spaziergang startet an der U-Bahn-Station Akropolis. Die Makrijannis-Straße führt hinauf zur Bronzeskulptur des für seine Memoiren berühmten Generals Makrijannis, der sich im griechischen Freiheitskampf gegen die Osmanen hervortat. Hier biegt man in die Vyronos (Byron)-Straße ein und befindet sich mitten in der **Plaka**: Die frei stehenden Häuser, teils verfallen, teils restauriert, sind das augenfälligste Merkmal der Athener Altstadt. Geradeaus stößt man direkt auf das **Lysikrates-Denkmal**. Hier liegt auch die Tripodon (»Dreifuß«)-Straße, die einzige, die ihren antiken Verlauf und Namen bewahrt hat. Hinter dem Denkmal nimmt man die Rangeva- und links die Thespidos-Straße. Die Straße steigt weiter an in Richtung Akropolis, am Fuße des Hügels biegt man rechts ab und genießt eine herrliche Aussicht auf den Lykavittós und den Hymettos.

Hinter der Kirche Agios Georgios führen Treppen hoch ins Gassenwirrwarr des **Anafiotika-Viertels**. Weiß gekalkte Häuser, streunende Katzen und in Ölkanister gepflanzte Blumen erinnern an die Inseln der Ägäis. Man folge dem Schild »Akropolis« und gelangt zur Kirche **Agios Simeon ton Anafaion** von 1774. Dahinter führt die Gasse zur **Villa Kleanthis**. Das Gebäude war eines der größten in der neu gegründeten Hauptstadt Athen, weshalb König Otto hier 1837 die erste Universität des jungen Staates begründete. Treppen führen die Klepsidras-Straße hinunter, wo man an der Ecke Thrasivoulou im nicht billigen, aber schönen Café Klepsidra eine Pause einlegen kann. Die Thrasivoulou- und Mitron-Straße führt geradewegs an den Rand der **Agorá**. Die Stufen am Zaun entlang führen wieder an den Burghügel. Ein Rundweg führt hinter dem Tickethäuschen über die **Akropolis** (→ S. 67), absolutes Muss bei einem Athen-Besuch. Danach sollte man noch die Felsstufen des **Areopags** (→ S. 68) erklimmen. Die Fußgängerzone Dionysiou Areopagitou führt nun zum ältesten Theater der Stadt, dem **Dionysos-Theater** (→ S. 68), und dem gegenüberliegenden neuen Akropolis-Museum (→ S. 69).

SEHENSWERTES

Agorá ⋯→ S. 144, B 3

Die Agorá war das gesellschaftliche Zentrum der antiken Stadt und in perikleischer Zeit, d. h. im 5. Jh. v. Chr., Symbol der attischen Demokratie. Hier unterrichtete Sokrates seine Schüler, wurde Gericht und Markt gehalten, hatte die Boulé, der Rat der Fünfhundert – das wichtigste Vollzugsorgan der Volksversammlung –, ihren Sitz. Quer durch die Agorá verlief die noch heute teilweise erhaltene **Panathenäische Straße**, auf welcher der wichtigste religiöse Staatsakt, der Festzug der Panathenäen, zelebriert wurde. **Der Hephaistos-Tempel** aus der 2. Hälfte des 5. Jh., auch **Theseion** genannt, zählt mit zu den am besten erhaltenen griechischen Tempeln dorischer Ordnung. Sogar Teile der Kassettendecke sind erhalten. Der Tempel war dem Gatten Aphrodites, dem hinkenden Schmiedegott Hephaistos, gewidmet.

Adrianou 24; U-Bahn: Monastiraki; im Sommer tgl. 8.30–19, im Winter bis ca. 15 Uhr; Eintritt 4 €

Akropolis ····⇥ S. 144, B/C 4

Den modernen Besucher des Wahrzeichens der Stadt empfängt eine kahle Felskuppe, auf der vier Baumonumente aufragen: Als Erstes begegnet man den schon von weither sichtbaren **Propyläen**. Rechts davon erhebt sich der zierliche **Nike-Tempel**. Hat man den Eingangsbau der Akropolis durchschritten, erblickt man rechter Hand den **Parthenon-Tempel** und links das **Erechtheion**.

Zu keiner Zeit vorher hat sich die Akropolis in dieser Weise präsentiert; in ihrer heutigen musealen Form stellt sie das Konstrukt der Archäologen dar, die von der Akropolis alle nicht-klassischen Zutaten entfernten. Denn im Gegensatz zu anderen berühmten Ausgrabungsstätten wie Troja oder Olympia war die Akropolis durchgehend bis ins 19. Jh. besiedelt. Die vier erwähnten Gebäude stammen aus der Zeit zwischen Perser- und dem Peloponnesischen Krieg (480–431 v. Chr.), als unter Perikles Frieden herrschte und Athen seinen kulturellen, wirtschaftlichen und politischen Höhepunkt erreichte.

Die Volksversammlung der Stadt, das Gremium, in dem alle Vollbürger berieten und abstimmten, entschloss sich um 450 v. Chr. zum Bau von Parthenon, Nike-Tempel, Erechtheion

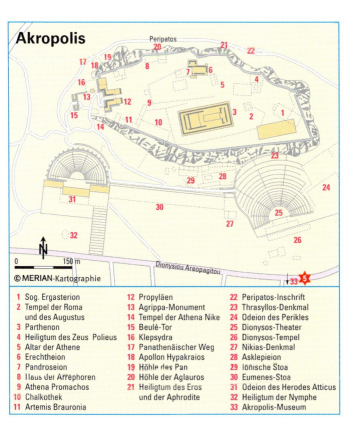

Akropolis

1 Sog. Ergasterion	12 Propyläen	22 Peripatos-Inschrift
2 Tempel der Roma	13 Agrippa-Monument	23 Thrasyllos-Denkmal
und des Augustus	14 Tempel der Athena Nike	24 Odeion des Perikles
3 Parthenon	15 Beulé-Tor	25 Dionysos-Theater
4 Heiligtum des Zeus Polieus	16 Klepsydra	26 Dionysos-Tempel
5 Altar der Athene	17 Panathenäischer Weg	27 Nikias-Denkmal
6 Erechtheion	18 Apollon Hypakraios	28 Asklepieion
7 Pandroseion	19 Höhle des Pan	29 Ionische Stoa
8 Haus der Arrephoren	20 Höhle der Aglauros	30 Eumenes-Stoa
9 Athena Promachos	21 Heiligtum des Eros	31 Odeion des Herodes Atticus
10 Chalkothek	und der Aphrodite	32 Heiligtum der Nymphe
11 Artemis Brauronia		33 Akropolis-Museum

und Propyläen. Alle Bauten sollten zum Zeichen des Fortschritts prachtvoll, außergewöhnlich und unübertroffen sein. Aus ältester Zeit stammte der Brauch, den Zugang zum Heiligtum durch einen Torbau, ein sogenanntes **Propylon**, abzugrenzen. So wurde 437–432 v. Chr. ein Monumentalbau aus zwei Fassaden mit je sechs dorischen Säulen und fünf Toren errichtet. Hinter den Säulen blieb auf dem Felsvorsprung Raum für die Errichtung des **Nike-Heiligtums**. Der Tempel der Athena Nike, der siegbringenden Athena, wurde in den 20er-Jahren des 5. Jh. v. Chr. an alter Kultstätte neu gestaltet. Er steht in seiner zierlichen Form im Gegensatz zu den benachbarten monumentalen Propyläen. Der Marmortempel hat eine Halle mit je vier ionischen Säulen auf der Vorder- und der Rückseite. Der umlaufende Skulpturenfries zeigt Siegesgöttinnen und Opfertiere.

Der **Parthenon** im dorischen Stil ist der erste vollendete Tempel der Stadt, der von den Stufen bis zum Dach ganz aus Marmor bestand – und der größte dorische Tempel der gesamten griechischen Welt. In nur 15 Jahren wurden der Bau und die Ausschmückung der Giebelfelder, der 92 Metopen und des 160 m langen Frieses vollendet. Der Fries zog sich hinter dem äußeren Säulenkranz um den Tempel und bildete den Panathenäischen Festzug ab. Geweiht wurde der Tempel der Athena Parthenos, der jungfräulichen Athena, die siegreich aus dem Wettstreit mit Poseidon um die Stadt hervorging. Poseidon dagegen erhielt sein Kultbild im Alten Athena-Tempel und später im neu errichteten **Erechtheion**. Nicht weniger als 13 Götter und Heroen wurden darin verehrt, die wichtigste war Athena Polias, die Stadtpatronin. Nach Perikles veränderte sich das Aussehen der Akropolis kaum mehr, lediglich neue Weihgeschenke kamen hinzu.
U-Bahn: Akropolis; tgl. 8–19, im Winter bis ca. 14.30 Uhr; Eintritt 12 €

Areopag   ⸱⸱⸱⸱⸱> S. 144, B 3
Auf der kahlen Felskuppe im Westen der Akropolis wurde seit frühester mythischer Zeit Gericht gehalten. Diese Funktion ist sprachlich bis heute überliefert: Noch immer heißt der Oberste Gerichtshof Griechenlands **Areos Pagos**.
Gegenüber dem Eingang zur Akropolis; frei zugänglich

Dionysos-Theater   ⸱⸱⸱⸱> S. 144, C 4
Das Theater aus dem 4. Jh. v. Chr. gilt als erste vollständig in Stein erbaute Aufführungsstätte antiker Tragödien und Komödien. Zugleich ist es der Ursprungsort des europäischen Theaters. Jedes Jahr wurden im Heiligtum des Gottes Dionysos – der Gott des Weines und des Theaters – Wettbewerbe ausgetragen, die so genannten Dionysien, bei denen jeweils drei Tragödiendichter miteinander konkurrierten. Rund 70 Jahre dauerte der Bau des steinernen Theaters, dessen Ränge sich in konzentrischen Kreisen den Südhang der Akropolis hinaufzogen. Es bot ca. 15 000 Zuschauern Platz. Unter Kaiser Nero wurde das Theater umgebaut; aus dieser Zeit stammen die noch erhaltenen Reste der Skene und Sitze.
Dionysiou Areopagitou; U-Bahn: Akropolis; Sommer tgl. 8–19, Winter bis 15 Uhr; Eintritt 2 €

Syntagma   ⸱⸱⸱⸱> S. 145, E 3
Der viereckige Platz stellt den architektonischen Mittelpunkt des modernen Athens dar und ist gleichzeitig politisches Zentrum Griechenlands. Er wird an der Nordseite vom alten Königlichen Schloss beherrscht, wo einst König Otto residierte. Vor dem Gebäude befindet sich das **Denkmal des Unbekannten Soldaten**, bewacht von den Evzonen, den Schöngegürteten, in der traditionellen Tracht aus der Zeit König Ottos. Ein Tipp: Die **Wachablösung** sonntags um 11 Uhr sollte man sich nicht entgehen lassen!
U-Bahn: Syntagma

Das neue Akropolis Museum in Athen: Um die antiken Wohnhausreste sichtbar zu belassen, die beim Museumsneubau zutage traten, wurden Teile des Bodens verglast.

MUSEEN

Agorá-Museum   ···> S. 144, B 3

In der rekonstruierten Attalos-Stoá sind die Funde der Agorá präsentiert: Die ältesten sind Grabbeigaben aus der mykenischen und geometrischen Epoche. Spätere Funde zeugen von der politischen und wirtschaftlichen Bedeutung des Ortes. Alltagsgegenstände, Spielwürfel, Tonmodelle von Schuhen, Kochgeschirr und Kinderspielzeug führen den Besucher in den antiken Alltag. Im Säulenhof der Stoá sind einige Marmorskulpturen, römische Kaiserportraits und schöne griechische Frauenbüsten, ausgestellt.

Adrianou 24; U-Bahn: Monastiraki; tgl. 8–19, im Winter bis ca. 15 Uhr; Eintritt 12 €

Akropolis-Museum   ···> S. 144, C 4

Der Besuch der Akropolis bliebe ohne dieses Museum unvollständig, gehören die Bestände doch zu den bedeutendsten Sehenswürdigkeiten Athens. Waren diese bis vor Kurzem in einem Bau auf der Akropolis selbst ausgestellt, so verließen sie den Heiligen Felsen im Herbst 2007 zum ersten Mal nach 25 Jahrhunderten: Es wurde der spektakulärste und teuerste Umzug (Kosten: 130 Millionen €), den Athen je erlebt hatte: 246 Ausstellungsstücke aus dem alten Museum und etwa 4000 kleinere Objekte aus dessen Lagerräumen wurden inventarisiert, kategorisiert und aufrecht in blaue Metallboxen verpackt. Drei 50-Meter-Kräne hievten die unersetzbaren, bis zu 2,5 Tonnen schweren Stücke in ihr 400 m entferntes neues Heim.

Die Sammlung enthält vor allem Skulpturen aus den verschiedenen Bauepochen der Akropolis. Dazu gehören die weltberühmten Fragmente aus dem sog. »Perserschutt«, d. h. Funde aus den vorklassischen Bauten, die 480/79 v. Chr. den Persern zum Opfer fielen. Ein weiteres Highlight ist der **Fries vom Parthenon**, der sich einst an der Außenwand der Cella über eine Länge von fast 160 m hinzog. Er stellt den panathenäischen Festzug dar, der zu Ehren der Göttin Athena alle vier Jahre hinauf zur Akropolis führte. Die Künstler des Frieses, darunter Phidias, haben über 300 Menschen und 200 Tiere geschaffen. Besonders sehenswert sind auch

MERIAN-Tipp

5 Olive Wood

Olive Wood verarbeitet vor allem die Zweige des knorrigen Ölbaums, der bis zu 2000 Jahre alt werden kann. Zwei Jahre trocknen diese im Schatten, bis ihnen auch das letzte Tröpfchen Feuchtigkeit genommen ist, um dann in mühseliger Schnitzarbeit liebevoll in Honiglöffel, Salatbesteck, Pfeffermühlen, Senftöpfchen und vieles mehr verwandelt zu werden.

Mnisikleous 8; U-Bahn: Monastiraki
⤳ S. 144, C 3

die vier in Athen verbliebenen Gebälkträgerinnen vom Erechtheion (eine wird im Britischen Museum aufbewahrt), die sog. **Karyatiden**.
www.newacropolismuseum.gr; U-Bahn: Akropolis; Eröffnung im Frühjahr 2009, Erdgeschoss bereits zugänglich; tgl. 10–17, Do 11–22 Uhr

Archäologisches Nationalmuseum
⤳ S. 145, nördl. D 1
Das Archäologische Nationalmuseum ist eines der berühmtesten Museen der Welt und besitzt die kostbarsten Sammlungen an Skulpturen und Keramik des archaischen, klassischen und hellenistischen Griechenland. Es empfiehlt sich, zunächst geradeaus vom Eingang die Räume 3–6 zu betrachten: Einzigartig ist der von Heinrich Schliemann ab 1876 auf der Peloponnes ausgegrabene sog. Goldschatz der **Königsgräber von Mykene**, der Masken, Becher, Schmuck, Kränze und Schwerter des 2. Jahrtausends v. Chr. umfasst. Weitere Highlights sind der kolossale Kouros von Sounion (Saal 8) und die in Fragmenten erhaltenen Wandmalereien von der Insel Santorin (Raum 48).
Patission 44; U-Bahn: Victoria; im Sommer Mo 12.30–19, Di–So 8–19, im Winter Mo 10.30–17, Di–So 8.30–15 Uhr; Eintritt 7 €

Museum kykladischer Kunst
⤳ S. 145, F 3
Die private, 1986 zugänglich gemachte Sammlung der Goulandris-Stiftung ist einzigartig auf der Welt. Nirgendwo sonst kann man in so großer Zahl die bis zu fünfeinhalb Jahrtausende alten Kultidole und Statuetten aus weißem Marmor bewundern. Im Erdgeschoss kann man sehr gute Repliken von Museumsstücken erwerben.
Neofytou Douka 4; U-Bahn: Evangelismós; Mo, Mi, Do, Fr 10–16, Sa 10–15 Uhr, Di, So geschl.; Eintritt 5 €, Sa 2,50 €

Nationalgalerie ⤳ S. 145, östl. F 3
Das Museum hat in jüngster Zeit mit großen Wechselausstellungen (El Greco, Moderne Spanische Kunst etc.) für Aufsehen gesorgt. In der ständigen Ausstellung erhält der Besucher einen hervorragenden Überblick über die neugriechische Malerei von 1700 bis heute.
Vas. Konstantinou 50; U-Bahn: Evangelismós; Mo–Sa 9–15, So 10–14 Uhr; Eintritt 6,50 €

ESSEN UND TRINKEN

Alexandra ⤳ S. 145, nordöstl. F 1
Diese Taverne ist eine Athener Institution, die wegen ihrer klassischen griechischen Küche geschätzt wird.
Plateia tis Argentinis Dimokratias 81, Alexandras-Boulevard; U-Bahn: Ambelokipi; Tel. 21 06 42 08 74 ●●

Giantes ⤳ S. 145, E 1
Moderne, ausgezeichnete griechische Küche, die nur Bio-Produkte verwendet. Sehr freundlicher Service, hübsche Terrasse.
Valtetsiou 44; U-Bahn: Omonia; Tel. 21 03 30 13 69 ●●

SERVICE

Auskunft
Griechische Zentrale für Fremdenverkehr (EOT) ⤳ S. 145, E 3
Amalias-Boulevard/Ecke Syntagma; U-Bahn: Syntagma; www.gnto.gr; tgl. 10–18 Uhr

MYKONOS

Allzu häufig wird Mykonos nur als die Partyinsel der Kykladen angesehen, der Zauber, der die Insel umgibt, aber vergessen: Wie die Stufen eines Amphitheaters steigen die Häuser halbkreisförmig am Hang empor, und das Weiß der Häuser im Sonnenlicht verströmt aus der Ferne eine fast unwirkliche Atmosphäre. Und dann ist da ja noch die Nachbarinsel Delos, einst Zentrum der Religion und des Handels im östlichen Mittelmeerraum, heute eine Welt der Stille und des völligen Eintauchens in eine nur schwer rekonstruierbare Vergangenheit.

Mykonos-Stadt

5000 Einwohner

Die berühmte Architektur der Kykladeninseln ist in Mykonos-Stadt in einer Reinheit bewahrt wie sonst nirgendwo in Griechenland. In der leuchtenden Silhouette der Inselhauptstadt aus schlichten, aber anmutigen zweistöckigen Bauten setzen nur die bunt gestrichenen Balkone und Fensterläden passend und gekonnt Akzente. Selten nur kommt die Stadt zur Ruhe, sie lädt ein zum Bummeln an der Hafenpromenade oder zum Einkaufen in einem der unzähligen kleinen Läden und Boutiquen; sie verführt zum süßen Nichtstun in einer der Bars in »Klein-Venedig« und lässt für viele die Nacht zum Tage werden.

SPAZIERGANG

Ausgangspunkt des Spaziergangs ist der Hafen. In der Nähe des Yachthafens ist das **Archäologische Museum** untergebracht. Wer sich für die frühe Geschichte der Region interessiert, findet hier vor allem Ausgrabungsstücke der nahen Insel Rhénia, aber auch einige auf Mykonos gefundene Schätze. Vorbei an dem kleinen Strand, Agía Ánna, der wegen seiner

Lage am Hafenbecken zum Baden kaum geeignet ist, erreicht man die **Platía Mantó Mavrogénous**, einen der größten Plätze der Stadt. Weiter geht es auf einer breiten Promenade im alten Teil des Hafens. Die zahlreichen Cafés, Bars und Tavernen laden dazu ein, das rege Treiben der an- und abfahrenden Schiffe, Flaneure und Einheimischen zu beobachten.

Vorbei an der kleinen Kirche Ágios Nikólaos, dem hl. Nikolaus, Schutzpatron der Seeleute, gewidmet, passiert man das **Rathaus**, welches Ende des 18. Jh. von einem russischen Konsul errichtet wurde. Es ist das einzige Haus der Stadt, das ein rotes Ziegeldach trägt. Man erreicht nun das älteste Viertel der Stadt, das Burgviertel (»**kástro**«). Von den Festungsanlagen, welche die Venezianer im 13. Jh. errichten ließen, sind jedoch nur noch spärliche Überreste vorhanden. Daneben erhebt sich mit der Kirche **Panagía Paraportianí** eines der beliebtesten Fotomotive der Insel

Wer kennt sie nicht – zumindest von Fotos: die Windmühlen von Mykonos?

überhaupt. Eigentlich besteht die Anlage aus fünf ineinander verschachtelten Kirchen und Kapellen.

Unmittelbar an das Kástro-Viertel schließt sich das **Venetía-Viertel** an, aufgrund seiner malerischen Balkons und Erker zum Wasser hin auch »Klein-Venedig« genannt. Im weiteren Verlauf des Spaziergangs erreicht man das **Alefkándra-Viertel**, zu dem auch ein kleiner Sandstrand gehört. Zusammen mit »Klein-Venedig« ist Alefkándra einer der beliebtesten Aufenthaltsorte für einen abendlichen Drink bei Sonnenuntergang.

Hinter dem Sandstrand liegen, etwas zurückversetzt, die orthodoxe Bischofskirche der Stadt, Panagía Theotókos Pigadiótissa, und die römisch-katholische Kirche Panagía Rosario. Hoch oben auf der Anhöhe, über Stufen erreichbar, grüßen die Wahrzeichen der Insel, einige der erhalten gebliebenen **Windmühlen**.

Kounélas
Bereits seit Jahren etabliertes Fischrestaurant in einer kleinen Gasse gleich hinter der Hafenpromenade beim Rathaus.
Ab mittags geöffnet ●●

Lotus
Kleines, liebevoll geführtes Restaurant mit einigen wenigen Tischen im Inneren und ein paar Plätzen draußen unter einem herrlichen weinberankten Dach. Internationale und griechische Küche, beides seit Jahren von gleichbleibend guter Qualität.
Matogiánni; Tel. 2 28 90/2 28 81;
ab mittags geöffnet ●●

Kasárma
Bereits am Morgen versammeln sich hier die ersten Gäste, um einen Kaffee zu trinken und die Atmosphäre der Hafenpromenade auf sich wirken zu lassen. Das Essen ist preisgünstig und zudem gut.
Hafenpromenade; ab morgens geöffnet ●

Ausflug

Delos

Trotz ihrer geringen Länge von nur knapp 5 km und einer maximalen Breite von nur 1300 m galt die Insel Delos einst als Zentrum der Religion und des Handels im östlichen Mittelmeerraum. Das kleine Eiland war – so will es zumindest der Mythos – Geburtsort der Göttergeschwister Apoll und Artemis, hatte ein Orakel, das an Bedeutung dem in Delphi kaum nachstand, und einen berühmten Apollontempel, den die griechischen Städte gemeinschaftlich errichtet hatten. Geblieben ist davon ein riesiges Ausgrabungsfeld nebst Museum.

Vom antiken Hafen gelangt man zu einem großen gepflasterten Platz, der **Agorá der Compitaliasten**. Der Platz wurde für Zusammenkünfte der Freigelassenen und Sklaven genutzt. Im Nordosten des Platzes befindet sich eine antike Straße, die zum Apollonheiligtum führt. Rechts und links der Straße erhoben sich einst die Philipps- sowie die Süd-Stóa, wo vermutlich Handels- und Bankgeschäfte abgewickelt wurden. Das **Apollonheiligtum** wurde wohl schon in mykenischer Zeit als Kultstätte genutzt. Drei marmorne Stufen markieren die **Propyläen**, den als Haupteingang genutzten Torbau mit seinen Resten von dorischen Säulen und einer Statue des Gottes Hermes. Nebenan liegt das **Heiligtum der Artemis**, Schwester des Apollon (Artemision). Östlich des Artemisions mit seinen Gebäuderesten aus verschiedenen Epochen schlossen sich fünf Gebäude kreisförmig um den Apollontempel. Man hält die Bauwerke heute für Schatzhäuser, in denen Weihegeschenke verschiedener Städte aufbewahrt wurden. Möglicherweise dienten sie auch als Unterkunft für die Pilger. Etwas südöstlich erstreckt sich ein in seiner Form ungewöhnliches Gebäude, bekannt als **Halle der Stiere**.

Archäologen vermuten, dass der knapp 10 m breite und 67 m lange Saal einst ein Kriegsschiff als Geschenk barg. Die Nordseite des Heiligtums wird von der 120 m langen Stoá begrenzt, vor der man eine mykenische Grabkammer entdeckt hat, die vermutlich nicht entfernt wurde, weil man sie für heilig hielt. Am westlichen Ende der Stoá vorbei liegen linker Hand zahlreiche Gebäudereste, darunter Teile des Dodekatheons, das Heiligtum der zwölf Götter, zu denen auch Leto zählte. Unmittelbar nördlich davon sind Spuren eines früher beeindruckenden Granitbaus mit einer Fläche von 40 x 20 m erhalten. Auf der anderen Seite des Weges erstreckt sich das Letoon, ein der Göttin Leto geweihter Tempel. Am Letoon vorbei erreicht man das Wahrzeichen von Delos, die berühmten **Marmorlöwen**. Wie viele es von diesen stolzen Wächtern gegeben hat, ist unklar, man geht heute von bis zu 16 Löwen aus. Fünf von ihnen blieben vor Ort erhalten, auch wenn es sich dabei um Kopien handelt, während die Originale im Museum zu bewundern sind. Die auf ihren Hinterpfoten sitzenden Löwen blicken gen Osten auf den Heiligen See direkt gegenüber. Der Sage nach soll dort die Geburtsstätte des Zeus-Sohns Apollon gelegen haben.

An vier wieder aufgestellten Säulen gut zu erkennen, erhebt sich nordwestlich der Löwenterrasse das **Haus der Poseidoniasten**. Es war von Händlern und Kaufleuten aus Beirut errichtet worden, die neben anderen Göttern Poseidon verehrten. Weitere Häuser schließen sich in diesem Wohnviertel in nördlicher Richtung an, darunter das sogenannte Hügel-Haus, eines der am besten erhaltenen Häuser von Delos. Die Wände des Gebäudes sollen mit prächtigen farbigen Malereien verziert gewesen sein. Weiter nördlich folgt das Haus der Komödianten, ein Gebäudekomplex, zu dem das Haus der Tritonen gehört,

dessen Mosaikfußboden ein fliegender Eros und ein Triton zierten. Unmittelbar nördlich des Sees schließen sich zwei sogenannte Palästren an, sportliche Übungs- und Wettkampfstätten. Das See-Haus neben den Übungsstätten besticht noch heute durch seinen Brunnen, seine Säulen und ein Fußbodenmosaik mit geometrischen Verzierungen. Der Weg führt nun weiter am See entlang Richtung Süden, bevor man linker Hand das sehenswerte **Museum** (tgl. 9–15 Uhr) und die kleine Cafeteria erreicht.

Auf dem Weg zurück zum Platz der Compitaliasten passiert man das Heiligtum des Dionysos, das **Stoibadeion**. Unübersehbar sind die Reste zweier übergroßer Phalli auf Pfeilern, die augenscheinlich an den Dionysoskult erinnern. An der Südostecke der Kompitaliasten-Agora führt eine Straße in das sogenannte **Theaterviertel**, das einen interessanten Einblick in die Wohnarchitektur des 2. und 1. Jh. v. Chr. liefert. Auf der linken Seite des Weges sind Teile des Dionysos-Hauses erhalten, sehenswert wegen des Fußbodenmosaiks (Dionysos auf einem Tiger reitend und mit einem Kranz aus Weinblättern und Trauben geschmückt). Das Haus des Dreizacks, links am Weg, hat ebenfalls ein schönes Fußbodenmosaik, das einen Delfin zeigt, der sich um einen Anker windet, und einen mit Schleifen verzierten Dreizack.

Dem Hauptweg in südlicher Richtung folgend erreicht man das im 3. Jh. traditionell halbkreisförmig angelegte **Theater**. Es zählt im unteren Bereich 26, im oberen Abschnitt 17 Reihen und bot damit Platz für mehr als 5000 Menschen. Man gelangt zum Haus der Masken mit einigen sehenswerten Fußbodenmosaiken, darunter Dionysos auf dem Rücken eines Panthers, Maskendarstellungen als Komödien des antiken Theaters und ein tanzender Silen, ein Mischwesen aus Mensch und Tier.

30 Min. Überfahrt von Mykonos-Stadt

SANTORIN

Geradezu unwirklich erhebt sich im Westen Santorins eine mehr als 300 m hohe Felswand aus dem Meer. Auf dem schwarzen Vulkanstein kleben blendend weiße Siedlungen. Nicht umsonst wurde die Insel schon im Altertum »die Allerschönste« genannt ...

Firá

1800 Einwohner
Stadtplan → S. 75

Das Labyrinth aus Gassen, in den Sommermonaten ein buntes Gesamtkunstwerk aus Läden, Restaurants und Cafés, könnte fast überall in Griechenland anzutreffen sein. Aber auch nur fast. Denn wenige Schritte abseits der Touristenpfade bietet sich der unverwechselbare Ausblick auf die **Caldera**, der auf der ganzen Welt absolut einmalig ist. Vom Meer aus gesehen, wirkt der Hauptort Santorins wie weißer Zuckerguss, der ein wenig über den Rand eines Kuchens gelaufen ist. Wer vom Nachbarort Imerovígli auf Firá hinüberschaut, blickt auf ein Häusermeer unterschiedlichster Formen und Farben: Orientalisch wirkende Bauten mischen sich unter bunte Höhlenhäuser, Glockentürme kontrastieren mit himmelblauen Kirchenkuppeln. In das Ensemble fügen sich allerlei Treppen und Aufgänge ein – ein hübsches Siedlungsdurcheinander in luftiger Höhe.

SEHENSWERTES
Alter Hafen (Limáni Skála)
⋯⋯⟶ S. 75, a 3
Nein, mit den Landungsbrücken in Hamburg oder Piräus kann die kleine Bucht wahrlich nicht mithalten. Und trotzdem (oder gerade deswegen) hat Firás früheres Tor zur Welt ein ganz besonderes Flair. In der Seilbahnstation erzählen einige alte Schwarzweißfotos von Zeiten, als hier noch große Frachter anlegten und dabei

die halbe Inselbevölkerung zur Stelle war. Am Nordende der Hafenbucht sieht man ein katholisches Kastell aus der Kraterwand herausragen. Es wurde im 13. Jh. erbaut und im Zweiten Weltkrieg von den italienischen Besatzern als Schaltzentrale genutzt. Im Süden wacht der heilige Nikólaos über den Frieden und die eine oder andere Kiste voller Waren, die sonst vielleicht abhanden käme.

Kathedrale Ypapánti (Maria Lichtmess)
⋯⋯⟶ S. 75, b 5
Wegen seiner gewaltigen Kuppel erinnert der orthodoxe Kirchenbau an eine Moschee. Beeindruckend ist nicht nur der seitliche Arkaden-Vorhof mit dem Glockenturm, sondern auch das Innere der Kathedrale. Hier stechen die farbenfrohen Malereien des Malers Christóforos Assimís ins Auge.

Katholisches Viertel
⋯⋯⟶ S. 75, b/c 1/2
Es hat etwas von einem Fremdkörper und passt doch wie ein besonderes Schmuckstück in das von gewölbten Dächern gekennzeichnete Häusermeer Firás. Der Stadtteil nördlich des Zentrums rührt ursprünglich aus der venezianischen Epoche her, als sich der katholische Glaube auf den Kykladen Raum schaffte. Heute sind nur noch zwei Prozent der Einwohner bekennende Katholiken. Aber ihr Viertel lohnt nach wie vor einen Besuch: Sehenswert sind hier sowohl die kleine Kathedrale **Ágios Ioánnis Baptistís** als auch das **Katharinenkloster** der Dominikanerinnen.

MUSEEN
Prähistorisches Museum
⋯⋯⟶ S. 75, c 5
Das prähistorische Museum bietet eine ergiebige Ausstellung für alle, die sich ein Bild von der kulturellen, aber auch geologischen Entstehungsgeschichte der Insel machen möchten. Der Aufbau der Stadt **Akrotíri** (→ S. 76) steht hier im Mittelpunkt,

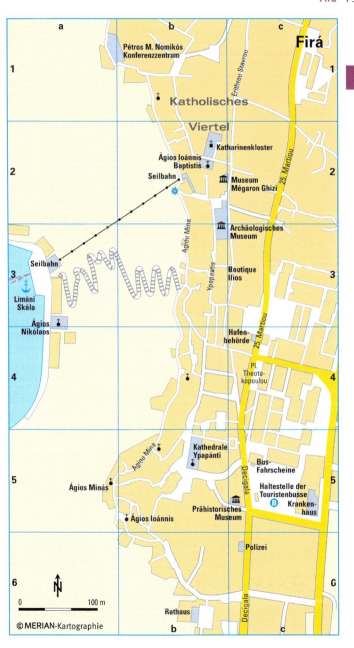

Firá

a

b

c

1

Pétros M. Nomikós
Konferenzzentrum

Erithou Stavrou

Katholisches

Viertel

2

Katharinenkloster

Ágios Ioánnis
Baptistís

Seilbahn

Museum
Mégaron Ghizi

25. Martiou

Agíou Mina

Archäologisches
Museum

Seilbahn

3

Boutique
Ilios

Ypapatis

Limáni
Skála

Ágios
Nikólaos

Hafen-
behörde

25. Martiou

4

Pl.
Theoto-
kópoulou

5

Kathedrale
Ypapánti

Agíou Mina

Bus-
Fahrscheine

Decigala

Haltestelle der
Touristenbusse

Ágios Minás

Krankenhaus

Ágios Ioánnis

Prähistorisches
Museum

Polizei

6

N

0   100 m

Decigala

© MERIAN-Kartographie

Rathaus

b

c

Das kleine Städtchen Oía auf Santorin kleidet sich in den typischen Farben der Kykladen: Weiß und Blau – noch leuchtender im warmen Licht der untergehenden Sonne.

aber man bekommt auch insgesamt einen guten Einblick in die kykladische Epoche, zu der Exponate in Gestalt von Gebrauchsgegenständen wie Lampen, Becher und Töpfe ebenso gehören wie Schmuck aus Gold oder Elfenbein. Beeindruckend sind die vier Wandmalereien, die man fast unversehrt aus der verschütteten Stadt geborgen hat.

Zwischen Busbahnhof und Hotel Atlantis; Tel. 2 28 60/2 32 17; Di–So 8.30–18 Uhr; Eintritt 3 €

ESSEN UND TRINKEN

Nikólas ⤍ S. 75, b 5
Das Traditionslokal serviert richtig gutes Essen; die gemischten Vorspeisenplatten sind zu empfehlen.

Mitten im Zentrum; Tel. 2 28 60/2 45 50; abends Reservierung ratsam ●●●

Classico ⤍ S. 75, b 5
Das Lokal verfügt über gleich drei Terrassen mit Calderablick, abends sehr voll, manchmal etwas windig. Große Auswahl an Kaffeespezialitäten und auch einige Kuchen.

Wenige Schritte von der Kathedrale; tgl. ab 10 Uhr ●

EINKAUFEN

Ikonenwerkstatt ⤍ S. 75, b 2
Zu Frau Ioannídou, die nach alter Tradition Ikonen anfertigt, lohnt sich ein Besuch. Der Laden kann auch als Ausstellung betrachtet werden.

Beim Ghízi-Museum

Ausflüge

Ausgrabungsstätte Akrotíri 👫

Es muss etwa um 1625 v. Chr. gewesen sein, als ein gewaltiger Ausbruch des Vulkans die minoische Siedlung an der Südküste der Insel unter einer teilweise meterdicken Schicht aus Asche und Bimsstein begrub und damit der Nachwelt überlieferte. Akrotíri, dieses Zeitzeugnis aus einer Epoche, die weit vor der klassischen Antike lag, ist ein absoluter Glücksfall. Denn wo sonst hätte man vorher kaum beschädigte Gegenstände des alltäglichen Bedarfs, die Aufschluss über das Leben in längst vergangenen Zeiten geben, in solcher Fülle vorgefunden?

Sehr umfangreich sind die Funde, die die Ausgrabungsstätte bis heute zu Tage gefördert hat: Lebensmittelgefäße, durch die man Rückschlüsse auf die Ernährungsgewohnheiten der Menschen von damals ziehen kann; Möbel wie das »älteste Bett Europas«, dessen Konturen in den Ascheschichten erkennbar waren und dessen 1,60 m langer Nachbau im Nationalmuseum von Athen Hinweise auf die Körpergröße jener Zeitgenossen gibt. Das Fehlen von Waffen weist auf den friedvollen Charakter der minoischen Bevölkerung hin; die entdeckten Abwasserleitungssysteme und bis zu dreistöckige Häuserfassaden mit opulenten Wandgemälden (die teils in Athen, teils im Prähistorischen Museum in Firá ausgestellt sind) künden von ihrem hohen Lebens- und Bildungsstandard.

Was bislang nicht gefunden wurde, sind Spuren von Toten oder Wertgegenstände wie Schmuck oder Münzen. Dies lässt vermuten, dass die Menschen seinerzeit rechtzeitig gewarnt wurden und fliehen konnten.

Viele der Fundstücke können im Prähistorischen Museum in Firá sowie im Pétros-Nomikós-Kongresszentrum in Firestofani besichtigt werden.

10 km südwestl. von Firá

. . . .

Oía

700 Einwohner

9. Juli 1956: Ein Erdbeben erschüttert die Stadt, und aus dem prosperierenden Städtchen wurde ein verlassener Ort, denn die Menschen zogen in den Jahren danach in Scharen davon. Noch heute findet man, verstreut zwischen den neuen Wohnhäusern, Tavernen und Läden, eingezäunte Ruinen. Inzwischen ist Oía wieder ein gewinnbringendes Fleckchen Erde. Wo einst Seefahrer ihre Netze flickten, stehen heute noble Höhlenhotels. Und in der Hauptgasse wohnen nun keine Kapitäne mehr; vielmehr sind es nette kleine Tavernen oder urige Galerien und Boutiquen, die alle zusammen das aus Oía gemacht haben, was es heute ist: der mit Abstand idyllischste Urlaubsort auf der ganzen Insel.

11 km nordwestl. von Firá

Der Weg ist das Ziel – der Ort ist die Sehenswürdigkeit! Bummeln Sie einfach durch die Hauptgasse, eine Art »Fußgängerzone«, die am Anfang durch einen kleinen Schlagbaum abgegrenzt ist. Ähnlich wie in Firá konzentrieren sich die Souvenirläden, Cafés und Tavernen um eine Straße, doch das »Ausmaß« dieser Entwicklung ist kaum zu vergleichen.

Kastell Argýri

Die einstigen Besitzer, die venezianische Familie Argýri, hatten sich den aus Wohnhäusern und einer kleinen Kirche bestehenden Komplex ursprünglich zum Schutz vor Eindringlingen – namentlich Piraten und später auch türkische Eroberer – errichten lassen. Hier versammelt sich allabendlich eine illustre Mischung von Sunset-Fans, um die Sicht gen Westen und auf die Nachbarinsel Thirassía zu genießen.

Kástro

Recht touristisches, etwas teureres Café-Restaurant, das dafür aber nicht nur durch seine hübsche Lage am Kastell besticht, sondern auch durch eine ansprechende Auswahl auf der Karte – empfehlenswert ist die Fischplatte. Sehr guter griechischer Kaffee.

Beim Kastell ●●

Neptune

Viel Ausblick, viel Auswahl, aber auch viele Leute. Dafür ist das Personal fix. Auf der Speisekarte stehen gute Lamm- und Fischgerichte.

Beim Hauptplatz ●●

KRETA

Kreta, die größte der griechischen Inseln, fasziniert durch ihre enorme Vielfalt: quirlige Städte, verschwiegene Buchten, einsame Wanderpfade und die Spuren einer bewegten Geschichte. Dazu die griechische Mythologie: Minotauros, das Labyrinth, Theseus und der Faden der Ariadne, Daidalos und Ikaros, Zeus und die schöne Europa ...

Iráklio

131 000 Einwohner
Stadtplan → S. 79

Kretas Hauptstadt hat sich in den letzten Jahren einer Schönheitsoperation unterzogen: Viele Straßen und Gassen wurden in schön gepflasterte Fußgängerzonen verwandelt. Sie ist zwar keine »Beauty Queen« geworden, hat aber erheblich an Lebensqualität und Attraktivität gewonnen. Die Stadt hat noch viel Eigenleben und lebt von ihren Gegensätzen. Modern gekleidete Frauen neben Bauern vom Lande in Tracht, hier Popen im langen Gewand, dort Bankangestellte im Business-Look. Moderne Supermärkte konkurrieren mit alten Krämerläden. Im **Hafen** herrscht immer rege Betriebsamkeit – und Iráklios **Museen** sind die sehenswertesten auf Kreta. Man darf die Inselhauptstadt also nicht auslassen, wenn man Kreta kennenlernen will.

SPAZIERGANG

Ein ausführlicher Stadtrundgang durch Iráklio dauert ohne Besichtigungen gut zwei Stunden. Er beginnt am **Archäologischen Museum**. Überquert man hier den großen **Freiheitsplatz**, die Platía Eleutherías, in südliche Richtung, gelangt man zur Einmündung der Odós Avérof. Sie führt auf die Platía Kornárou mit einem osmanischen Kiosk und dem venezianischen **Bembo-Brunnen**, 1588 aus einer kopflosen römischen Statue und einem Sarkophag gestaltet. Beachtung verdient auch das reich verzierte Brunnenhaus. Hier befindet man sich sogleich am Beginn der Marktgasse, Odós 1866, die am anderen Ende auf eine Ampelkreuzung mündet. Beim Durchqueren der Gasse sollte man sich ein wenig Zeit nehmen und die faszinierende, exotisch-orientalische Stimmung auf sich wirken lassen ...

Einige Schritte weiter steht man am schönsten Platz der Stadt, der Platía Venizelou mit dem **Morosini-Brunnen**. Dieses Wahrzeichen der Stadt, ein Brunnen mit Wasser speienden Löwen, wurde 1628 vom venezianischen Statthalter gestiftet. Von hier aus führt die Fußgängerstraße, Odós 25 Avgoustou, an der **Loggia**, dem El Gréco-Park und der **Titus-Basilika** – es bietet sich die Möglichkeit zu einer schattigen Pause auf Bänken oder in einem der umliegenden Cafés – vorbei zum Fischerhafen mit der **Festung Koúles**. Folgt man dem Ufer nach links, passiert man die Einmündung der Odós Grevenón mit dem **Historischen Museum** und gelangt zur Odós Chandákos. Sie ist ein Zentrum des jugendlichen Nachtlebens; an ihr liegt auch das Atelier einer Ikonenmalerin. Die Odós Chandákos mündet auf den Venizelou-Platz mit dem Morosini-Brunnen, von dem die Fußgängerstraße Odós Dedálou zum Freiheitsplatz führt.

SEHENSWERTES

Ágios Títos ····> S. 79, b 2
An einem kleinen Platz erhebt sich das nach Mekka ausgerichtete Gebäude der Tituskirche. Sie wurde 1872 unter türkischer Herrschaft als Moschee erbaut und erst 1923 als Kirche geweiht. In ihr wird an der linken Seite des Narthex (Vorraums) die goldummantelte Schädelreliquie des Inselheiligen Titus verwahrt. Der Innenraum ist mit Ikonen geschmückt.
Platía Agíou Títou; tgl. 7–12 und 17–20 Uhr

Kazantzákis-Grab ····⟩ S. 79, a 4

Den besten Blick über die Dächer Iráklios hat man vom Grab des berühmten kretischen Schriftstellers Níkos Kazantzákis aus. Es liegt auf der Martinéngo-Bastion der Stadtmauer und ist über die Odós Nikolaou Plastíra zu erreichen.

Tagsüber geöffnet; Eintritt frei

Koúles ····⟩ S. 79, c 1

Zum Schutze ihres Kriegshafens erbauten die Venezianer 1523 bis 1540 das kleine Kastell Koúles, mit schönem Blick über den Hafen. Lange Zeit wurde der imposante Bau als Gefängnis genutzt.

Fischerhafen-Mole; Di–So 8.30–15 Uhr; Eintritt 2 €

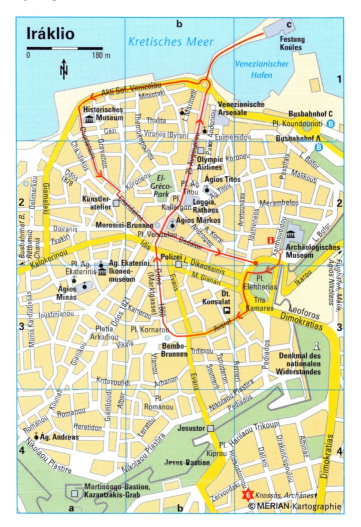

Loggia ⟶ S. 79, b 2
Treffpunkt des auf der Insel weilen-
den venezianischen Adels war die
1628 vom Statthalter Francesco Mo-
rosini in Auftrag gegebene Loggia.
Heute befindet sich in dem Gebäude
das Rathaus der Stadt.
Odós 25 Avgoustou/Platía Kallergón;
nur Besichtigung der Gänge möglich

Stadtmauer ⟶ S. 79, a 4–c 3
3,5 km lange Mauern mit sieben
Bastionen und vier Toren, errichtet im
16. Jh., schützten Iráklio (von den Venezianer als Candia bezeichnet), als
die Türken die Stadt im 17. Jh. 21 Jahre lang belagerten.
Geöffnet von Sonnenauf- bis Sonnenuntergang; Eintritt frei

MUSEEN
Archäologisches Museum
⟶ S. 79, c 2
Ein Museum von Weltrang. Absolut
sehenswert: die einzigartigen Aus-
stellungsobjekte aus minoischer Zeit,
im Wesentlichen also aus der ersten
Hälfte des 2. Jahrtausends v. Chr. Zu
den besonders wertvollen Funden im
Museum gehören:
– Minoische Hausfassaden. Sie sind
auf Fayence-Plättchen abgebildet.
Mit ihrer Hilfe kann man sich ein gutes Bild vom Aussehen minoischer
Städte machen.
– Discos von Festós. Die Tonscheibe
aus der Zeit 2000–1700 v. Chr. ist
beidseitig mit Hieroglyphen bestem-
pelt, die noch nicht entschlüsselt sind.
– Schlangengöttinnen. Die beiden
Statuetten zeigen weibliche Figuren
mit nackten Brüsten, die Schlangen in
den Händen halten. Sie stammen aus
der Neupalastzeit, 1700–1450 v. Chr.
– Kretische Schriften. Beispiele für
die noch nicht entzifferte kretische
Schrift Linear A und die sie um etwa
1450 v. Chr. ablösende und bereits
1952 entzifferte Linear-B-Schrift.
– Minoische Wandmalereien. Die
weltberühmten, 3500 Jahre alten
Fresken zeigen Tiere und Pflanzen,

Männer und Frauen, Prozessionen
und kultische Feiern. Sie stammen
aus minoischen Palästen und VIlleII
in Knossós und Amnissós, Agía Triáda
und Tílissos. Große Teile sind, leicht
vom Original unterscheidbar, rekonstruiert worden.
Platía Eleftherías; Tel. 2 81 02/2 60 92;
2009 wg. Renovierung teilweise geschl.

ESSEN UND TRINKEN
Kiriakos ⟶ S. 79, südl. c 3
Modernes Restaurant mit gutem Ser-
vice und gepflegten Speisen.
Leofóros Dimokratías 45;
tgl. 12–16 und 19–24 Uhr ●●●

Katsina ⟶ S. 79, b 1
»Ouzeri« mit kleinen Gerichten, die
zu Oúzo und Rakí serviert werden.
Odós Ioánni Marinélli 12; Mo geschl. ●

EINKAUFEN
Marktgasse ⟶ S. 79, b 2/3
In der mit Segeltuch überspannten
Marktgasse werden vor allem Lebens-
mittel angeboten. In der Seitengasse
Odós Kartérou haben sich Fischhänd-
ler und Schuhmacher angesiedelt.

SERVICE
Auskunft
Griechische Zentrale für
Fremdenverkehr (EOT) ⟶ S. 79, c 2
Odós Xanthoudídou 1; Tel. 2 81 02/
2 82 03; Mo–Fr 8.30–14.30 Uhr

Ausflug

Knossós

In Knossós befand sich in der ersten
Hälfte des 2. Jahrtausends v. Chr. das
Zentrum der minoischen Kultur. Der
gesamte Komplex umfasste etwa
1400 Räume, einzelne Gebäude
waren bis zu vier Etagen hoch. Als einen wirklichen Palast darf man sich
Knossós allerdings nicht vorstellen. In
Wirklichkeit war das, was man heute
vor sich sieht, das Zentrum einer

Stadt. Hier befanden sich Heiligtümer und Kultbezirke, Wohnhäuser und Werkstätten, Büros und Speicher. Vielleicht wohnte in einem Teilbereich auch der oberste Herrscher der Insel, der den Titel eines Minós trug – mit Sicherheit weiß man das nicht.

Knossós ist von allen kretischen Ausgrabungsstätten die eindrucksvollste. Das liegt vor allem an der wissenschaftlich äußerst umstrittenen Vorgehensweise des Briten Sir Arthur Evans, der Knossós ab 1900 in über 40 Jahren Arbeit freilegte. Er zerstörte allerdings auch, was ihm unwesentlich erschien – und fügte manches hinzu, was er glaubte, sicher rekonstruieren zu können. Kritische Stimmen nennen Knossós denn auch ein »Disneyland der Archäologie«. Für den Laien freilich ist Evans' Methode erfreulich· Er sieht hier endlich einmal mehr als nur Grundmauern. An der Kasse sind außerdem fantasievoll bunte Pläne erhältlich, die den Palast unzerstört zeigen. Manche Fremdenführer fabulieren, bei Knossós handele es sich um das sagenhafte Labyrinth, in dem der antike Theseus den furchtbaren Minotauros tötete. In dem 20 000 qm großen Palast könnte sich ein Fremder sicherlich verirren; ein Labyrinth aber dürfte, wenn überhaupt, dann nur in einer Höhle existiert haben. Auf Münzen aus Knossós erscheint es erst im 5. Jh. v. Chr.

Der Platz, über den man den Palast betritt, war in minoischer Zeit nur einer von mehreren Zugängen. Zwei gepflasterte Wege führen über ihn nach links zur großen Schautreppe, nach rechts zum Prozessionskorridor. Hier fand man Reste von Fresken, die etwa 500 Opferträger darstellten. Der Korridor war ursprünglich über 90 m lang.

Eine große Freitreppe führt ins Obergeschoss, das Piano Nobile, das nicht erhalten war, sondern von Evans vollständig rekonstruiert wurde. Die Wände der Sechssäulenhalle im Obergeschoss waren mit Fresken

geschmückt, unter anderem mit der »Kleinen Pariserin«, die jetzt im Archäologischen Museum von Iráklio zu sehen ist. Die große Treppe führt hinunter zum Zentralhof. Auf dem 53 m langen und 28 m breiten Platz endeten wahrscheinlich alle Prozessionen. Hier fanden vermutlich kultische Spiele statt, und hier wurden vielleicht auch Versammlungen und Märkte abgehalten. Am Zentralhof liegt auch der sogenannte Thronsaal. Man erreicht ihn durch einen Vorraum, in dem eine Porphyr-Schale steht. Um die Wände ziehen sich steinerne Sitzbänke, an einer Wand steht die Kopie eines dort in Fragmenten gefundenen Holzthrons. Im eigentlichen Thronsaal steht ein ähnlicher Thron aus Alabaster, an den sich ebenfalls steinerne Bänke anschließen. Auffällig ist ein Wasserbecken gegenüber dem Thron. Der Vorraum ist von Evans als Warteraum für Bittsteller interpretiert worden. Auf dem Thron sah er den Minos sitzen. Im Wasserbecken könnten Schlangen gehalten worden sein. Schräg gegenüber dem Thronsaal befindet sich das große Treppenhaus. Es führte in zwei tiefer und eine höher liegende Etage eines Baus, den Evans als den Wohntrakt von König und Königin interpretierte. Folgt man seinen Vorstellungen, dann befanden sich im ersten Untergeschoss die Wachräume der königlichen Garde und noch eine Etage tiefer der Ankleideraum der Königin, der sogar eine Toilette mit Wasserspülung besessen haben soll, das Megaron der Königin mit großartigen Fresken und einer »Badewanne« sowie das Megaron des Königs, in dem jetzt die Kopie eines weiteren Throns steht. Eigenartig nur, dass sich direkt an die vermeintlichen Gemächer des Herrscherpaares Werkstätten von Handwerkern anschließen.

5 km südl. von Iráklio
Tgl. 8–19, im Winter bis 17 Uhr,
Mo vormittag geschl.; Eintritt 6 €

RHODOS

Eine Fahrt über die Insel des Sonnen-
gottes Helios gleicht einer Reise in
die Vergangenheit. Viele Völker hin-
terließen auf Rhodos ihre Spuren,
und überall trifft man auf Relikte der
Kreuzritter, die die Insel mehr als
200 Jahre lang beherrschten.

Rhodos-Stadt

52 300 Einwohner

Die Altstadt von Rhodos ist ein wah-
res Juwel. Noch immer ist sie vollständig von mittelalterlichen Mauern
und auf der Landseite von einem breiten Wallgraben umgeben. Ihre historischen Gassen und Plätze haben so
viel Atmosphäre, dass man tagelang
in ihr herumspazieren kann, ohne sich
zu langweilen. Über 24 Jahrhunderte
sind in ihr nahtlos ineinander verwoben. Türkische Moscheen und byzantinische Kirchlein, Paläste aus der
Ritterzeit und Grundmauern antiker
Tempel, eine Synagoge und ein türkisches Bad sind zu einem harmoni-
schen Ensemble zusammengewach-
sen. Lokale in uralten Gewölben oder
auf sonnigen Terrassen mit Blick über
Dächer und Festungsmauern schaffen ein stimmungsvolles Flair; Museen laden dazu ein, sich mit der Geschichte der Stadt zu beschäftigen.

SPAZIERGANG

Vom Mandráki-Hafen aus betritt man
durch das Freiheitstor die Altstadt.
Man passiert den **Aphrodite-Tempel**,
einen dorischen Tempel, der im 3. Jh.
v. Chr. für die Liebesgöttin erbaut
wurde, und die **Städtische Galerie**,
mit dem sehenswerten **Museums-
Shop** im Erdgeschoss, kommt auf die
kleine Platía Argirokástron mit einem
Brunnen, zu Pyramiden gestapelten
steinernen Kanonenkugeln und dem
Museum für dekorative Kunst im ersten Ordenshospital, in dem sich heute
auch das Historische Archäologische

Institut befindet. Gleich darauf steht
man auf dem Museumsplatz mit dem
Byzantinischen (Eintritt 2 €) und dem
Archäologischen Museum.

Die stille, von allen Geschäften
frei gehaltene Ritterstraße führt hinauf zum **Großmeisterpalast** und zur
Orféos-Straße, auf der fast immer
Maler sitzen, die Porträts anfertigen
möchten. Vorbei an der **Süleiman-
Moschee** und der **Türkischen Bibliothek** erreicht man die Sokrates-
Straße, die Haupteinkaufsstraße der
Stadt. Die Odós Sokrátous kann man
ein kleines Stück abwärts bummeln
und sich dann für ein Getränk, ein Eis
oder ein Stück Kuchen im lauschigen
Gartenlokal Socratous Garden bei
griechischer Musik niederlassen.

An der nächsten Kreuzung geht
nach rechts die Odós Menekléous
ab, die vorbei an kleinen Kürschner-
werkstätten nach mehreren Biegun-
gen auf die Platía Ariónos führt, wo
das **Türkische Bad** und die **Sultan-
Mustafa-Moschee** zu sehen sind. Am
Platz liegen einige der schicksten
Lounge-Bars der Altstadt. Jetzt befindet man sich schon mitten im Türken-
viertel, in das nur wenige Fremde
vordringen. Direkt rechts an der Moschee vorbei führt eine sehr schmale
Gasse abwärts und mündet auf die
Odós Agíou Fanouríou. Man geht auf
ihr etwa 170 Schritte nach rechts,
passiert die Kirche Ágios Fanouríou
aus dem Jahre 1335 und stößt dann
auf die Odós Omírou. Wenn man ihr
nach links folgt, liegt links unterhalb der Gasse die Platía Doriéos mit
der ständig verschlossenen **Redjeb-
Pascha-Moschee**.

Man geht auf der Odós Omiroú
weiter und biegt in die zweite Gasse
nach rechts ein. Nun kommt man an
der ebenfalls nicht zugänglichen Kapelle Agía Kiriakí aus dem 13./14. Jh.
vorbei zum Stumpf einer alten Wind-
mühle, von der aus man einen schönen Blick über die Altstadt hat. Setzt
man den Weg durch diese Gasse fort,
stößt man auf die Odós Pithágoras,

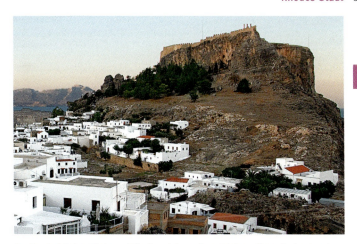

Das Inselstädtchen Líndos auf Rhodos wird von der mächtigen Akropolis (→ S. 85) überragt. Die imposante Stadtfeste eifert dem berühmten Athener Vorbild nach.

eine der Hauptachsen der Altstadt. Man folgt nun der Odós Pithágoras abwärts, bis man auf die Platía Ippókratou trifft – Zentrum des touristischen Teils der Altstadt. Wenn man sich hier nach rechts wendet, führt einen die Odós Aristotélous zum **Seepferdchen-Brunnen**.

Großmeisterpalast
Am oberen Ende der Ritterstraße erhebt sich am höchsten Punkt der Altstadt der Großmeisterpalast. Er war der Amts- und Wohnsitz des obersten Ordensritters, der zugleich über den souveränen Ritterstaat herrschte.

Original erhalten ist nur das von zwei mächtigen Rundtürmen flankierte alte Haupttor, das auf einen 40 mal 50 m großen Innenhof führt, um den herum die Palastgebäude gruppiert sind. Besichtigt werden können nur etwa zehn Prozent der Räumlichkeiten. Sie sind mit Möbeln und Kunstwerken verschiedenster Herkunft und Epochen dekoriert. Besonders sehenswert sind die schönen Mosaike von der Insel Kos, die überwiegend im 3. und 2. Jh. v. Chr. entstanden, sowie

zwei Ausstellungen mit Audiovisionsschau, die Aufschluss über das Alltagsleben von Herren und Sklaven in Antike und Mittelalter geben.
Platía Kleóvulu, Rhodos-Altstadt; Mai–Okt. tgl. 8–19.30, Nov.–April Di–So 8.30–15 Uhr; Eintritt 6 €

Mandráki-Hafen
Der Hafen, dessen Name »Schafpferch« bedeutet, ist zu jeder Jahreszeit von Ausflugsdampfern, Segel- und Motoryachten übersät. Er wird im Osten durch eine etwa 400 m lange Mole geschützt. Auf dieser stehen drei Windmühlen sowie am Molenende die kleine Festung Ágios Nikólaos (Di–So 10–14 Uhr), Ende des 15. Jh. erbaut. Die Hafeneinfahrt wird von zwei Säulen flankiert, auf denen die beiden Wappentiere der Insel stehen: Elafós und Elafína, Hirsch und Hirschkuh. Der bedeutendste Bau am Hafen ist die **Néa Agorá**, ein vieleckiger Bau, in dem sich zahlreiche Läden und kleine Lokale niedergelassen haben. Unter seinen Arkaden auf der Hafenseite sitzen vom frühen Morgen an bis spät in die Nacht hinein Einheimische und Urlauber.

Ritterstraße

Die Ritterstraße von Rhodos war die Hauptstraße des **Collachium** genannten Viertels der Altstadt, in dem die Ritter lebten und wo sich das Hospital und die Arsenale befanden. Sie verläuft schnurgerade von der hafenseitigen Stadtmauer hinauf zum Großmeisterpalast und ist Europas einzige vollständig erhaltene Wohnstraße vom Anfang des 16. Jh. Die Gebäude mit den streng wirkenden, klar gegliederten Fassaden sind im Stil der Spätgotik erbaut. Am Beginn der Ritterstraße steht linker Hand das Ordenshospital, heute **Archäologisches Museum**. Ihm schließt sich ein Gebäude im Stil der katalanischen Gotik an. Gegenüber der 70 m langen Fassade des Hospitals befindet sich der **Palast der italienischen Ritter**. Kurz darauf folgt rechter Hand der größte der Paläste, der der **französischen Ritter**. An ihn grenzen die Französische Kapelle und das **Haus des Kaplans der Französischen Zunge**.

Hinter dem ersten Bogen, der sich über die Ritterstraße spannt, schließt sich linker Hand der **Palast der spanischen Ritter**, rechts der der **Ritter der Provence** an. Es folgt ein zweiter Bogen, über dem in der Ritterzeit ein Arkadengang vom Großmeisterpalast in die Ordenskirche hinüberführte. Diese wurde jedoch bei einer von einem Blitzschlag ausgelösten Pulverexplosion 1856 vollständig zerstört.

Die Ritterstraße endet auf dem Kleóvoulou-Platz mit dem krönenden Höhepunkt, dem **Großmeisterpalast**.

Odós Ippóton, Rhodos-Altstadt; ständig zugänglich, Innenbesichtigung der Paläste nicht möglich

MUSEEN

Archäologisches Museum

Interessanter als die Ausstellungsobjekte des Museums ist der Museumsbau selbst: das **Ordenshospital der Johanniterritter**. Es wurde erst kurz vor der Eroberung der Insel durch die Türken im Jahre 1485 in Betrieb genommen. Äußerlich ist das Hospital recht schlicht. Man betritt es durch einen im Stil der Gotik gestalteten Torbogen und steht dann in einem weitläufigen Innenhof, der auf allen vier Seiten von einem zweigeschossigen Arkadengang umlaufen wird. Über eine breite Freitreppe gelangt man ins Obergeschoss, in dem der große Krankensaal der Ritter liegt. Er ist 12 m breit und über 50 m lang.

Die schönsten und berühmtesten Stücke im Museum sind die »Kauernde Aphrodite«, eine Marmorstatue aus der Zeit um 100 v. Chr., und eine Grabstele aus der Zeit um 420 v. Chr., deren Figuren laut Inschrift als Krito und Timarista benannt werden.

Odós Apéllou, Rhodos-Altstadt; Tel. 22 41 03 10 48; Sommer Di–So 8–19, Winter Di–So 8.30–15 Uhr; Eintritt 3 €

Nestorídion Melathrón

Dieses Museum ist der zeitgenössischen griechischen Kunst gewidmet und ist das bedeutendste seiner Art außerhalb Athens.

Platía Charítou 100, Rhodos-Neustadt; Di–So 8–14 und 18–21 Uhr; Eintritt 3 €

ESSEN UND TRINKEN

Thávma en keró

Renommiertes Restaurant in stilvoller Villa mit üppigem Garten; kreative internationale Küche.

El. Venizélou 16–18, Rhodos-Neustadt; Tel. 22 41 02 55 69; tgl. ab 19 Uhr ●●●●

MERIAN-Tipp

⭐ 6 Schmuckdesigner Ilías Lalaoúnis

Filiale eines weltberühmten Athener Juweliers und Schmuck-Designers. Seine Kreationen sind exquisite Kunstwerke nach antiken, byzantinischen, mythologischen, ethnischen und naturwissenschaftlichen Motiven.

Platía Megalou Alexandrou, Rhodos-Altstadt

Romíos

Hier werden Spezialitäten wie gefülltes »Souvláki« vom Schwein, Muscheln und in Folie mit Gemüse gegrillter Käse serviert.

Odós Sofokléous 15, Rhodos-Altstadt;
Tel. 22 41 02 55 49; tgl. 11–24 Uhr ●●

Socratous Garden

Im schönsten Garten der Altstadt sitzt
man bei dezenter griechischer Musik
zwischen Palmen, Bananenstauden,
Resten einer mittelalterlichen Mauer
und einem plätschernden Brunnen
wie in einem kleinen Paradies.

Odós Socratoús 126, Rhodos-Altstadt;
Tel. 22 41 02 01 53; www.socratous
garden.gr; tgl. ab 10 Uhr ●

EINKAUFEN

Casts and Reproductions

Staatlich geführtes Geschäft, in dem
man Museumsrepliken und Reproduktionen von Ikonen kaufen kann.

Platía Sími, Rhodos-Altstadt;
Mo, Di und Fr 10–14 und 17–19.30,
Mi und Do 8–14.30, Sa 9–14 Uhr

Sifónios

Destillerie in Familienbesitz, die Ouzo
in drei verschiedenen Varianten und
süße Liköre mit Koriander-, Bana-
nen- und Kokosnussaroma herstellt.

Odós Pithágoras 42, Rhodos-Altstadt;
Tel. 22 41 02 93 01; Mo–Fr 8–23 Uhr

SERVICE

Auskunft

Dodekánissos Tourism Directorate
Odós Ethnárchou Makáriou/Ecke Odós
Papagoú, Rhodos-Neustadt;
Tel. 22 41 02 19 21; Mo–Fr 8–14.45 Uhr

Ausflug

★ **Akropolis in Líndos**

Als Líndos um 550 v. Chr. vom guten Tyrannen Kleóboulos beherrscht
wurde, entstand dort ein erster stei-
nerner Tempel. Nach dem Vorbild
der Athener Akropolis erhielt er um
400 v. Chr. Propyläen, die dann 342
v. Chr. zusammen mit dem Tempel
einem Brand zum Opfer fielen. Jetzt
konnte der ganze heilige Bezirk auf
der Akropolis neu geplant werden. In
den folgenden zwei Jahrhunderten
wurde das Heiligtum durch immer
neue Terrassen, Treppen und Säulen-
hallen erweitert, die den Wohlstand
der Insel demonstrieren sollten.

Nachdem der Besucher die Überreste einer ersten byzantinischen
Mauer passiert hat, gelangt er auf
eine Terrasse, von der aus eine steile, moderne Treppe weiter bergan
verläuft. Sie führt ins Torhaus der
Johanniterfeste. Unmittelbar dahinter
liegen die Reste der Burgkapelle. Es
handelte sich ursprünglich um eine
im 13. Jh. erbaute orthodoxe Kirche,
die die Johanniter dann ihrem Schutzpatron Johannes weihten.

Kurz darauf steht man auf der
unteren Terrasse des antiken Heiligtums. Eine kurze Treppe führt hinab
zu den spärlichen Resten eines römischen Kaisertempels aus dem 3. Jh.
n. Chr., eine prächtige, 21 m breite
Freitreppe führt zwischen den beiden
Hälften einer ehemaligen dorischen
Wandelhalle hinauf zum Propylon aus
dem 3. Jh. v. Chr. Am Ende der oberen
Treppe befindet sich der Tempel der
Athena Lindia, der 342 v. Chr. errichtet und um 300 v. Chr. noch einmal
durch eine südliche Säulenhalle erweitert wurde. Er war ganz aus Marmor und folgte in seinem lang ge-
streckten Grundriss dem unter Kleóboulos entstandenen Vorgängerbau.
In seinem Zentrum stand eine marmorne Statue der Göttin.

Ebenso faszinierend wie der Anblick der antiken Anlage ist der Blick
von den mittelalterlichen Burgmauern
hinab auf die **Paulus-Bucht** und auf
die Häuser von Lindos.

54 km südl. von Rhodos-Stadt
Mai–Okt. tgl. 8–19, Nov.–April
Di–So 8.30–14.45 Uhr; Eintritt 6 €,
Eselsritt 5 €/Strecke

Türkei

Ost meets West – Europa und Asien verbinden sich zu einer unwiderstehlichen Mischung.

Einst der Heiligen Weisheit geweiht und größtes Gotteshaus der Christenheit, nach der Eroberung Istanbuls von den Osmanen zur Moschee umgewandelt, von Atatürk schließlich zum Museum bestimmt: die berühmte Hagia Sophia (→ S. 88).

Die Kreuzfahrtschiffe steuern die Westküste der Türkei an: Sanft steigen die Gebirge an, fruchtbar sind die Ebenen mit ihren Olivenhainen und Feigen. Dazwischen bedeutende historische Stätten wie Pergamon und Ephesus. Und dann ist da noch Istanbul, die Stadt zwischen Orient und Okzident, die jeden Besucher in ihren Bann zieht.

Istanbul

15 Mio. Einwohner
Stadtplan → S. 146/147

Istanbul ist die größte Stadt Europas und eine der faszinierendsten dazu. Der Bosporus, die Meerenge, die das Schwarze Meer mit dem Marmarameer verbindet, führt durch die Stadt und separiert dabei Kleinasien von Europa. Aber Istanbuls Sache ist das Trennen nicht – ganz im Gegenteil: Die Stadt verbindet Widersprüchliches. Einige der wichtigsten historischen Monumente der Welt stehen hier – doch lockt die Stadt auch mit ihrer aufregenden Kunst- und Musikszene. Wer glaubt, eine europäische Metropole könne nicht islamisch sein, wird hier eines Besseren belehrt. Heute ist die Stadt kosmopolitischer und urbaner denn je. Ihre Widersprüchlichkeit, gepaar mit herzlicher Gastfreundschaft, ist in jedem Fall eine Reise wert.

SPAZIERGANG

Am Vorplatz des **Tünel**, der unterirdisch verlaufenden Standseilbahn, die seit 1874 verkehrt und als zweitälteste U-Bahn der Welt gilt, startet der Spaziergang, der die Moscheen Alt-Istanbuls verlässt und ein Stück durch die Neustadt auf der anderen Seite des Goldenen Horns führt. Der Platz mausert sich. Das Gebäude des Tünel ist bereits renoviert, erste Cafés eröffnen, und Antiquitätenhändler siedeln sich an. Von hier geht man die Galip Dede Caddesi hinab. Im oberen Teil dieser Straße haben sich Musikalienhandlungen etabliert. Gut 50 m weiter liegt rechts die kleine **Şahkulu-Moschee**, deren tiefgrüne Bemalung sofort auffällt. Sie ist ein typisches Beispiel für einen Derwischkonvent, der durch Umbauten zu einer Stadtviertelmoschee geworden ist. Das Innendekor stammt aus dem 19. Jh. Der Weg führt rechts in die Timarci Sokak. Hier stehen sehr schöne Stadthäuser aus dem 19. Jh. Eine Galerie bietet alte und neue Kalligrafie und Miniaturen an, ansonsten warten diese Straßenzüge auf restauratorisches Engagement. Am Ende der kleinen Gasse biegt man kurz nach rechts, dann dreimal links ein und kommt auf die Küçük Hendek Sokak, die direkt zum Wahrzeichen Galatas, dem alten genuesischen Turm (Galata Kulesi), führt. Natürlich gehört die Fahrstuhlfahrt nach oben unbedingt dazu, denn der **Galataturm** bietet nach wie vor den besten Blick über die Stadt, jedenfalls solange der Feuerturm auf dem Universitätsgelände unzugänglich bleibt (tgl. 8–21 Uhr; Eintritt 2 €). Für den Platz um den Turm wurden Reste der genuesischen Befestigungen freigelegt und zur Gestaltung eines Platzes verwendet. Unbedingt sehenswert ist auch der großartige **Brunnen** (Bereketzade Çeşmesi) mit seinem reichen Dekor, den man hier aufgestellt hat. Ursprünglich stand er einige Straßen weiter. Trotz der nicht unbedingt gelungenen Restaurierung ist dieser Brunnen ein Meisterwerk der eleganten Tulpenzeit. Mit seinem Wasserspiel sorgt er dafür, dass der Platz hier immer belebt ist. Wunderhübsch ist auch das ganz einfache Café Gündogdu, in dem man sommers unter rankendem Wein, winters in einer sehr originalen Teestube heiße oder kalte Getränke erhält. Nur wer ausgesprochenen Wert auf den Ausblick legt, sollte seine Rast in den teuren und arg touristischen Lokalen im Turm nehmen.

Der weitläufige Topkapı-Palast ist in mehrere Höfe gegliedert. Zur Meerseite hin schließt sich eine wunderbare, in Terrassen angelegte Gartenanlage an.

SEHENSWERTES

Blaue Moschee (Sultan Ahmed Camii)   ⸱⸱⸱⸱⸴ S. 146, C 4

Sechs schlanke Minarette und vier monumentale Elefantenfüße: Die von Sultan Ahmed I. gestiftete Moschee wurde zwischen 1609 und 1616 errichtet. Alles ist auf Größenwirkung angelegt, dabei ist das Bauvolumen etwa »nur« halb so groß wie das der gegenüberliegenden Hagia Sophia. Der Außenbau ist durch wohlproportionierte Kuppeln abgestuft. Sechs Minarette lassen den Bau noch gewaltiger erscheinen. Den Innenraum beherrschen die sogenannten Elefantenfüße, vier mächtige Pfeiler, die die Hauptlast der Kuppel aufnehmen. Seinen Namen »Blaue Moschee« verdankt der Bau den 21 000 Wandfliesen aus Iznik auf den Galerien.

Sultanahmet Meydani, Sultanahmet

Chora-Kirche (Kariye Camii)   ⸱⸱⸱⸱⸴ S. 146, westl. A 3

Das spätbyzantinische Kloster wurde vom Politiker und Gelehrten Theodoros Metochtites zwischen 1316 und 1321 gestiftet. Die Klosterkirche ist eine Basilika, deren Hauptraum mit Marmorschnitten geschmückt ist. Hauptattraktion sind aber die Mosaiken in den Vorhallen, die das Leben Mariä und Jesu und zahlreiche Heiligenbildnisse abbilden. Ebenso beeindruckend sind die Fresken in der Grabkapelle, die das Thema von Tod und Erlösung aufnehmen, das auch im Hauptraum bestimmend ist.

Kariye Camii Sok., Edirnekapı; Mi–Mo 9.30–16.30 Uhr; Eintritt 6 €

Hagia Sophia (Ayasofya)   ⸱⸱⸱⸱⸴ S. 146, C 4

Das berühmteste Gebäude der Stadt wurde nach 532 unter dem byzantinischen Kaiser Justinian erbaut. Das Gebäude, überwölbt von einer etwa 32 m weiten, leicht ovalen Hauptkuppel, war Patriarchatskirche, dann von 1453 bis 1935 Hauptmoschee der Stadt. Freigelegte **byzantinische Mosaiken** (sechsflügelige Engel, Muttergottes mit Kind in der Apsis, Christus zwischen Maria und Johannes dem Täufer in der Südgalerie und Kaiserporträts) befinden sich gleich neben monumentalen osmanischen Kalligrafien.

Sultanahmet Meydanı; Di–So 9.30–16.10 Uhr; Eintritt 10 €

Hippodrom (At Meydanı)

···➔ S. 146, C 4

Immer noch bewahrt der Platz die Form der antiken Pferderennbahn; immer noch stehen hier der gemauerte **Obelisk** (4. Jh.), der aus Ägypten hierhergebrachte Obelisk Tutmosis' III. (16. Jh. v. Chr.) und der Rest der bronzenen **Schlangensäule** aus Delphi. Umstanden wird der Platz unter anderem vom Palast Ibrahim Paschas (Museum für türkische und islamische Kunst), der Moschee Sultanahmet, die wegen ihres Kachelschmucks immer oft die »Blaue Moschee« genannt wird, und zwei Gebäuden im pittoresken Ersten Nationalstil vom Anfang des 20. Jh. Auf dem Platz befindet sich ein Brunnen, den Kaiser Wilhelm II. Sultan Abdülhamid II. geschenkt hat.

Moschee der heiligen Quelle (Ayazma Camii)

···➔ S. 147, F 2

Die von Mustafa III. für seine Mutter und seinen früh verstorbenen Bruder erbaute Moschee wurde nach drei Jahren Bauzeit 1761 fertiggestellt. Im asiatischen Stadtteil Üsküdar auf einem Höhenzug gelegen und in ihrer Architektur betont steil aufragend, beherrscht sie das Stadtbild gegenüber dem Leuchtturm Kiz Kulesi (Leanderturm). Bemerkenswert sind die Ausschmückung, die europäische Motive gelungen reminisziert, der Eingangsbereich mit Freitreppe, durch den der große Außentrakt, durch den der Sultan seine Gebetsloge erreichte, und die steinernen Vogelhäuser an den Außenwänden.

Tulumbacilar Sok., Salacak, Üsküdar

Süleymaniye

···➔ S. 146, B 3

Die monumentale Moschee wurde im Auftrag Süleymans des Prächtigen vom Hofarchitekten Sinan 1550 bis 1557 mit umfangreichen Nebenbauten (vier theologischen Hochschulen, Schule für die Überlieferungen des Propheten, Medizinschule mit Krankenhaus und psychiatrischer Anstalt, Karawanserai, öffentliche Küche, Schule, öffentliches Bad, Läden, Friedhof mit Mausoleen Süleymans und seiner Frau Hürrem) errichtet. Kern eines Stadtviertels und Symbol für den »Salomo – Süleyman seiner Zeit« sind hier heute die weltweit wichtigste Sammlung islamischer Handschriften, ein Restaurant und ein Studentenheim untergebracht.

Topkapı Palast (Topkapı Sarayı)

···➔ S. 147, D 3

1469 als »Neuer Palast« von Mehmed dem Eroberer begonnen, diente der Topkapı-Palast bis 1856 als Hauptsitz der osmanischen Dynastie und ihrer Verwaltung. Der erste von drei Höfen war (und ist) der Öffentlichkeit frei zugänglich. Historisch diente er dem Militär, etwa die Irenenkirche (Ayairini) aus dem 6. Jh.; als Arsenal, im späten 19. Jh., als archäologisches Museum. Der zweite Hof war unter dem charakteristischen **Turm der Gerechtigkeit** Sitz des großherrlichen Diwans, der nicht nur politische Entscheidungen vorbereitete, sondern auch als Berufungsgericht fungierte. Bemerkenswert ist die Sammlung chinesischen und osmanischen Porzellans im Küchentrakt, der seinerzeit an die 5000 Palastbewohner versorgen musste. Der dritte Hof war dem Sultan vorbehalten; die Audienzhalle gleich hinter dem Eingangstor bildete eine Art Schnittstelle. Hier befinden sich eine Bibliothek des 18. Jh., der Staatsschatz und die Pagenschule mit ständigen Ausstellungen der Museumssammlungen sowie die Reliquienkammer, in der unter anderem Mantel, Banner und einige Barthaare des Propheten Muhammad aufbewahrt werden. Von hier aus gelangt man in den Harem,

MERIAN-Tipp

⑦ Ägyptischer Basar
Mısır Çarşisi

Im Ägyptischen Basar werden wie seit Jahrhunderten Gewürze, getrocknete Früchte, Rinderschinken, Lokum (»Turkish delight«) und Käse verkauft, im Vogel- und Blumenmarkt davor gibt es neben deutschem auch türkisches Saatgut – und wer etwas Ausgefalleneres und auch Teureres sucht, findet auf dem Gelände den einzigen offiziellen Importeur kaspischen Kaviars der Türkei. Danach mit Blick auf die »Neue Moschee« noch eine Erfrischung im Teegarten und ein Bummel in die nahe historische Post – ein perfektes Erlebnis.

Verkehrsknotenpunkt Eminönü;
tgl. 9–18 Uhr ⋯⋯> S. 146, C 3

den Privatgemächern des Sultans und seiner Familie, sowie in den hinteren Teil des Palastes mit einigen besonders schönen Pavillons (Revan Köşkü und Bağdad Köşkü, 17. Jh.).
Sarayiçi, Sultanahmet; Mi–Mo 9.30–17 Uhr; Eintritt 10 €, Harem und Schatzkammer jeweils 6 € extra

MUSEEN
Archäologisches Museum (Arkeoloji Müzesi) ⋯⋯> S. 146, C 3
Großartige Sammlung klassischer und orientalischer Archäologie, dazu in einem der ältesten Palastgebäude, dem Çinili Köşk, eine Sammlung seldschukischer (Beyşehir) und osmanischer (İznik) Keramik.
Gülhane Parkı, Sarayiçi; Di–So 9.30–16.30 Uhr; Altorientalische Sammlung nur Mi, Fr und So, das Çinili Köşk nur Di, Do und Sa; Eintritt 3 €

Sakıp Sabancı Müzesi
⋯⋯> S. 147, nördl. E 1
Das interessante Museum birgt die Sammlung des 2004 verstorbenen Industriellen Sakıp Sabancı und um-

fasst islamische und moderne Kunstwerke. Schnelle Berühmtheit erlangte der Musentempel durch seine interessanten Wechselausstellungen (etwa 2005 Picasso, 2006 Rodin, 2008 Salvador Dalí).
Sakıp Sabancı Cad. 22, Emirgân; http://muze.sabanciuniv.edu; Di–So 10–18 Uhr; Eintritt 1,50 €

ESSEN UND TRINKEN
Baba Giritli ⋯⋯> S. 146, B 2
Bis 1911 lebten zahlreiche Türken auf Kreta; dieses Restaurant pflegt ihre Küche. Direkt neben der alten Zigarettenfabrik (heute Universität) gelegen, bietet dieses Restaurant einen atemberaubenden Blick über das Goldene Horn.
Abdülezel Paşa Cad. 3, Cibali; Tel. 2 12/5 33 18 66, 53 30 18 77; tgl. 13–24 Uhr ●●●

Asmalı ⋯⋯> S. 146, C 2
Das gemütliche Lokal bewahrt sich in seinem Obergeschoss Wohnzimmeratmosphäre; wer unten an den Tischen neben der Bar sitzt, nimmt schon fast am Straßenleben teil. Der Getränkekarte entspricht eine besonders reichhaltige Auswahl an Mezeler mit vielen Gerichten der jeweiligen Saison. Bei den warmen Gerichten sind die speziellen »köfte« (Fleischbällchen) besonders zu empfehlen.
Asmalımescit Sok. 42, Beyoğlu; Tel. 2 12/2 92 49 50; tgl. 12–2 Uhr ●●

Hacı Abdullah ⋯⋯> S. 146, C 1
Ständig wechselnde Speisekarte mit Gerichten der türkischen bürgerlichen Küche und Spezialitäten des Hauses (verschiedene Kompotte und Salzgemüse): eine preiswerte Familiengaststätte.
Sakızağacı Cad. 19, Beyoğlu; Tel. 2 12/2 93 85 61; tgl. 11.30–22 Uhr ●●

SERVICE
Auskunft ⋯⋯> S. 146, C 4
Atmeydanı Sokak No. 31, Sultanahmet; Tel. 2 12/5 18 18 03-04, 4 58 00 24

Izmir

2,5 Mio. Einwohner

Eine Palmenstadt am weiten Meeres-golf, weltoffen und voller Elan: Die einzige wirkliche Großstadt an der türkischen Westküste und drittgröß-te Stadt des Landes verwöhnt mit an-genehm mildem Klima. Hafenstadt seit homerischen Zeiten und damals unter dem Namen Smyrna bekannt, hat İzmir im 20. Jh. bereits die – nach Ankara – zweite U-Bahn der Türkei eröffnet und legt einen neuen Hafen an, nördlich vom Stadtkern in dem weltberühmt schönen Golf. Haus-hohe spiegelnde Glasfronten im Zent-rum und Tausende neuer Wohnungen draußen auf den Hügeln, wo die bis zu 14-stöckigen Neubauviertel wie fremdartig pastellfarbene Kristalle unter der mediterranen Sonne em-porwachsen – das ist das neue Ge-sicht des heutigen İzmir.

Höhepunkte im Erlebnispro-gramm der Metropole İzmir sind der große Basar, das pulsierende Café- und Geschäftsviertel um die »Kor-don«-Promenaden in Alsancak, das zu Izmirs Ausgehviertel avanciert ist, und das äußerst reich bestückte Ar-chäologische Museum.

Mit Bus oder Taxi fährt man nach **Al-sancak**, am besten zum Cumhuriyet Bulvarı, Ecke Ali Çetinkaya Bulvarı (beim Zübeyde-Hanım-Denkmal für die Mutter Atatürks). Entweder spa-ziert man dann am **äußeren Kordon** (Atatürk Caddesi) mit Blick auf den Golf und den Stadtteil Karşıyaka nördlich zum Fährhafen oder unge-stört vom Verkehr in der Fußgänger- und Ladenzone um den **inneren Kor-don** (Cumhuriyet Bulvarı) und Kıbrıs Şehitler Caddesi. Einige schmale Stra-ßen zeigen noch Häuser der osmani-schen Zeit und die typischen Holz-balkone. Gegen Abend trifft sich in den Straßencafés und Restaurants von Alsancak halb İzmir.

Agora
Die Reste der zweistöckigen Laden-galerie rund um den einstigen römi-schen Marktplatz liegen oberhalb vom Basar im Stadtteil Namazgah.
Di–So 9–12 und 13.30–17.30 Uhr

Alsancak
Im Gazi Kadınlar Sokağı (1453 Sok.) und Muzaffer İzgü Sokağı (1482 Sok.) wurden Straßenzeilen aus osmani-scher Zeit jüngst sorgfältig restau-riert. Viele Bars und Cafés.

Atatürk-Denkmal
Das auch »Eherner Reiter« genannte Denkmal wurde 1933 errichtet.
Cumhuriyet Meydanı

Hisar Camii
Die architektonisch bedeutendste Moschee İzmirs wurde 1598 erbaut.
Im Basar (Kemeraltı)

Kadifekale
Lysimachos, General von Alexander dem Großen, ließ nach der Zerstörung Smyrnas durch die Perser auf dem Pagos-Hügel das neue Stadtzentrum mit der »Samtburg« (türk. Kadifekale) erbauen. Reste der Burganlagen aus byzantinischer und osmanischer Zeit. Imposanter Ausblick!
Oberhalb der Agora

Konak Meydanı
Am Hauptplatz mit dem zierlichen Uhrturm von 1901 (Saat Kulesi), dem Stadtsymbol, stehen eine kleine Mo-schee von 1754 und moderne Ver-waltungsgebäude. In der Nähe befin-det sich ein opulentes Ladenzentrum.

Archäologisches Museum
Schöne, gut dargebotene Sammlung von Fundstücken aus der Ägäis-Re-gion – eines der wichtigsten Archäo-logie-Museen der Türkei.
Birleşmiş, Milletler Cad. (oberhalb vom Konak Meydanı); Di–So 9–17 Uhr

Atatürk-Museum
Das Museum befindet sich im ehemaligen Wohnhaus des Nationalhelden.
Atatürk Cad. 248; tgl. 9–12 und
13–17 Uhr

Ethnographisches Museum
Die bedeutendste Sammlung der Ägäisküste, von Teppichen bis zum Silberschmuck wird der Reichtum der handwerklichen Tradition sichtbar.
Neben dem Archäologischen Museum;
tgl. 9–12 und 13–17 Uhr

ESSEN UND TRINKEN
Deniz Restaurant
Von Einheimischen oft als eines der besseren oder besten genannt, mit Spezialität »Balik kavurma«, einem Fischgericht aus dem Tontopf.
Atatürk Cad.188/B (beim İzmir Palas Hotel); Tel. 2 32/4 64 44 99 ●●●

Wieder aufgerichtet: einige Säulen des Trajantempels in Pergamon.

EINKAUFEN
In İzmir wird Geld verdient und Geld ausgegeben – bei den Juwelieren der Anafartalar Caddesi, in den großen Kaufhäusern **Vakko** und **Beymen** in der Atatürk Caddesi und in den (teils) eleganten Läden für Lederwaren, Mode, Glas und Keramik in der Fußgängerzone in Alsancak.

Der Basar in **Kemeraltı** gleich östlich vom Konak ist noch immer das wichtigste Einkaufszentrum der Stadt und einer der schönsten Basare der Türkei, mit vielen Gassen und Karawanserei. Gewürze, Kaffee, Blumen und Fisch werden zum Augen- und Geruchserlebnis. Nordöstlich schließt zwischen Gazi Bulvarı und 1369 Sokak der Flohmarkt an (Bitpazarı, am besten sonntags kommen!).
Tgl. 9–19 Uhr

SERVICE
Auskunft
Turizm Danışması/Information
Gazi Osmanpaşa (G.O.P.) Bulvarı
(neben dem Hotel Büyük Efes); Tel. 2 32/
4 45 73 90, Tel. und Fax 4 89 92 78

Ausflug

Bergama (Pergamon)
57 000 Einwohner

Ein Höhepunkt jeder Westküsten-Reise auf den Spuren der antiken Welt ist das vergleichsweise spät, nämlich erst nach dem Tod Alexanders des Großen, ins historische Rampenlicht getretene Pergamon. Über der fruchtbaren Ebene und der Stadt Bergama ragen mit Steilabstürzen die bis zu 335 m hohen Felsen auf, die sich Feldherr Philetairos zur Hauptstadt eines neuen Reiches ausersah (283 v. Chr.). Finanziert wurde die Gründung mit der Staatskasse des Lysimachos, eines Generals und Kampfgefährten Alexander des Großen. Nach Alexanders Tod stieg Lysimachos zum König über das riesige Gebiet zwischen

Taurus und Donau auf. In einem Familienzwist verlor er 281 Land und Leben. Anderthalb Jahrhunderte herrschten er und seine Nachfolger, bis Attalos III. die Herrschaft dann kampflos an Rom vererbte.

Unter den Königen waren einige auch leidenschaftliche Büchersammler. Weil der Nachschub von Papyrus aus Ägypten stockte, wurde in Pergamon fortan auf dünn gegerbten Tierhäuten geschrieben, die zum großen Teil nicht mehr wie Papyrus gerollt, sondern zu Buchblöcken (Codices) gebunden wurden. In Pergamon wurde mit der Einführung von Pergament als gebräuchlichem Beschreibstoff der Anfang für die Form des Buches gesetzt, die auch heute (mit Papierseiten) noch üblich ist.

Außer dem Burgberg lohnen vor allem das am Stadtrand gelegene **Asklepieion** (der antike Kurbezirk) und das Archäologische Museum einen intensiven Besuch. Nah bei Bergama wachsen Abraumhalden: Zeugen der Naturzerstörung durch die Goldgewinnung mit Zyanidauslaugung.

Vom Burgberg hatte der deutsche Archäologe Carl Humann den Altar des Zeustempels nach Berlin entführt (mit nachgeschobener Erlaubnis der osmanischen Regierung), seither prangt das monumentale Marmorwerk als »Pergamonaltar« im gleichnamigen Museum in Berlin – und seit Jahren wird von der Türkei seine Rückgabe gefordert. Ein Tipp: Beginnen Sie die Besichtigung auf der Höhe der Akropolis und steigen Sie von dort aus gemächlich ab (etwa 2 1/2 Stunden).

100 km nördl. von Izmir

SEHENSWERTES
Akropolis
Vom Zeus-Altar sind am ursprünglichen Platz nur noch Fundamente übrig geblieben, doch Säulen des Trajantempels wurden wieder aufgerichtet (deutsche Archäologen sind weiterhin tätig). An den steilen Hang geschmiegt liegt das Theater, mit den 83 Zuschauerreihen das steilste der antiken Welt. Großartiger Ausblick! Nur noch im Grundriss sind Teile der pergamenischen Bibliothek zu erkennen, die einst als die reichste nach der im ägyptischen Alexandria galt. In einem Raum sind noch Löcher in der antiken Wand zu erkennen, in denen wohl Haken eingelassen waren, um die hölzernen Bücherborde zu halten.

Die Unterstadt lag außerhalb der hellenistischen Stadtmauer und ist vermutlich großenteils erst unter römischer Herrschaft (nach 133 v. Chr.) erbaut worden. Das wichtigste Baudenkmal ist die »Rote Halle«. An der Nordspitze des Burgbergs sind Reste der antiken Wasserleitung zu sehen.

Am unteren Burgberg, in der Nachbarschaft des Demeter-Heiligtums mit seinem säulengeschmückten Torbau, wurde eine kleine Wohnsiedlung freigelegt. Auch drei Gymnasien sind mit interessanten Details noch recht gut zu erkennen.

Tgl. 8.30–18.30, im Winter bis 17.30 Uhr

Rote Halle (Kızıl Avlu)
Ein römischer Tempel für ägyptische Gottheiten (vermutlich für den Gott Serapis), der später zu einer byzantinisch-christlichen Kirche umgewandelt wurde – das ist kurz gefasst die Geschichte dieses beeindruckenden Ziegelbaus.

MUSEUM
Bergama Müzesi
Modelle des Zeus-Altars und des Demeter-Heiligtums geben den Resten auf dem archäologischen Gelände vorstellbare Gestalt.

An der Hauptstraße; Di–Sa 8.30–19, im Wnter bis 17.30 Uhr

ESSEN UND TRINKEN
Meydan Restaurant 🍴🍴
Vorzügliche Mezeler und »Spezial Köfte«, mit Terrasse.

Istiklal Meydanı 4, nahe »Rote Halle«; Tel. 2 32/6 33 17 93 ● bis ●●

Kuşadası

37 000 Einwohner

Kein Ort der türkischen Küste ist so wie Kuşadası Drehscheibe des Studienreisen- und Kreuzfahrttourismus. Geschützt von der **Taubeninsel** war die Hafenbucht schon in der Antike besiedelt und hieß Phygela. Die Neugründung im Mittelalter wurde von italienischen Handelsstädten durchgesetzt und »scala nuova« (= neuer Hafenplatz) genannt. Doch seit osmanischen Zeiten heißt der Ort »Vogelinsel« (Kuşadası). Die Burg auf der Taubeninsel entstand erst 1834.

ESSEN UND TRINKEN

Toros Canalı Balık Restaurant
Zwischen Uferpromenade und Hafen gelegen, ist das Restaurant ein beliebter Treffpunkt von Freunden maritimer Speisen.
**Am Anleger der Kreuzfahrtschiffe;
Tel. 2 56/6 14 11 44** ●●●

Ausflug

Efes (Ephesos)/ Selçuk 👫

25 000 Einwohner

Für Archäologie-Interessierte ist das antike Ephesos ein wichtiger Höhepunkt. Nirgendwo trifft man in so reicher Fülle auf antike Bauten, Straßen und Plätze, die auch für das archäologisch ungeübte Auge in ihrem besonderen Rang erkennbar sind.

Die kleine Stadt Selçuk, rund 50 km südlich von İzmir, wird überragt von der byzantinisch-seldschukischen Burg und der Johannes-Basilika, die schon im 6. Jh. über dem angeblichen Grab des Evangelisten Johannes erbaut wurde. Hauptattraktion Selçuks ist das Archäologische Museum mit der berühmten Artemis-Statue (Di–So 8.30–12, 13–18.30, winters bis 17 Uhr). Unweit davon befindet sich die İsa-Bey-Moschee mit ihrer schwarz-weißen Marmorfassade, erbaut 1375.

Das **Artemision** (am Weg zum antiken Ephesos), der einst als Weltwunder gerühmte Artemistempel, Stätte eines uralten Mutterkultes, ist nur noch Ruinenstätte im sumpfigen Gelände gegenüber der İsa-Bey-Moschee, mit einer einzigen wieder aufgerichteten Säule. Vor der Verlandung des Hafens erhob sich der Marmortempel unmittelbar am Wasser. 356 v. Chr. von dem geistesgestörten Herostratos zerstört, wurde er größer und schöner erneuert, nach einem halben Jahrtausend abermals zerstört: 263 n. Chr. von den Goten.

Ephesos war bereits ein Heiligtum der Lyder und Karer, die hier die Muttergöttin Kybele verehrten, bevor die griechischen Kolonisten das Artemis-Heiligtum errichteten, das zum berühmtesten der Alten Welt wurde. An den Pilgerscharen wie an der günstigen Lage des Hafens wurde die Stadt doppelt reich. Sie war nie königliche Residenz wie das jüngere Pergamon, aber Ephesos soll als Hauptstadt der römischen Provinz Asien bis zu 300 000 Einwohner gehabt haben.

Oberhalb der 66 Zuschauerreihen des Theaters (24 000 Plätze) hat man einen der großartigsten Ausblicke auf eine antike Stadtstruktur: auf das verlandete Hafenareal, die zum Hafen führende Prachtstraße **Arkadiane**, die nachts mit 50 Laternen beleuchtet war, auf die Celsus-Bibliothek an der Marmorstraße und den Hadriantempel an der Straße der Kureten (Artemis-Priester). Um die Prunkgebäude, die von österreichischen Archäologen teils wieder aufgerichtet wurden, muss man sich Mosaiken, Brunnen und Standbilder vorstellen. Interessante Details finden sich in der Celsus-Bibliothek, einer Stiftung des 2. Jh. – z. B. Wandnischen für Buchrollen und Codices und eine doppelte Wandung zum Schutz vor Feuchtigkeit. An der Kuretenstraße wurden in den 1980er-Jahren Wohnhäuser wieder aufgebaut, die mit Privatbad, Heizung, Marmorböden und Fresken ausgestattet waren (tgl. 8–18 Uhr).

Ephesos erlangte außerdem Bedeutung als ein Zentrum des Urchristentums: Hier predigte der Apostel Paulus, ein Brief von ihm an die Epheser ist überliefert. Mit dem Evangelisten Johannes soll nach alter Überlieferung auch Jesu Mutter Maria nach Ephesos gekommen sein. Das **Haus der Mutter Maria** (Meryemana Evi) am Bülbül Dağı (Nachtigallenberg) ist heute eine Pilgerstätte in schöner, quellenreicher Waldlandschaft. In zehn Sprachen wird die Geschichte des abgeschiedenen Platzes dargestellt. Die Auffindung dieser Marienstätte geschah auf sehr mirakelhafte Weise. Der Dichter Clemens Brentano hatte die Marien-Visionen der stigmatisierten Nonne Anna Katharina Emmerich aufgezeichnet. Diese Protokolle enthielten auch Schilderungen des Hauses der Hl. Maria. Ein französischer Geistlicher stieß auf das Buch und fand ugen Hügel bei Ephesos mit der Ruine eines Hauses, auf das die Beschreibungen der Nonne exakt zutrafen. Seit 1892 ist das »Marienhaus« als Wallfahrtsstätte anerkannt.

Am Fuß des Berges befindet sich eine christliche Nekropole mit Kirchengewölben und der Siebenschläfer-Grabstätte, die an die Legende sieben jugendlicher Märtyrer und ihres 200-jährigen Schlafes erinnert.
ca. 15 km nördl. von Kuşadası
Tgl. 8.30–19, im Winter 10–16.30 Uhr; Messe in oder vor der Marienkapelle So 10.30, werktags 7.15 Uhr

Dilek-Nationalpark

Die grüne Oase ist immer wieder eine Überraschung. Der Hügelpark im dichten Grün inmitten der touristisch ausgebauten und überbauten Küste reicht bis auf 1237 m hinauf und ist auf einer Schotterstraße zu befahren. Prachtvolle Platanen und Steineichen wachsen in den Schluchten, großartige Fernblicke übers Meer und die Strände überwältigen den Besucher. Einige Restaurants sind im Dorf **Güzelcamlı** nahe dem Eingang zum Nationalpark zu finden.
ca. 30 km südwestl. von Kuşadası
Tgl. 7–19 Uhr, winters 8–17 Uhr

Hügelstadt Priene

Priene ist eine der interessantesten Ruinenstädte der griechischen Antike auf kleinasiatischem Boden – weil die hellenistische Stadt nicht römisch überbaut wurde. Die Reste des Athena-Tempels, des Theaters und der Wohnhäuser liegen in großartiger Berglandschaft hoch über dem Schwemmland des Mäander-Flusses (Büyük Menderes). Tipp: an der Zufahrtstraße von Söke das schattige Şelale-Restaurant mit Wasserfall.
ca. 21 km südl. von Kuşadası
Mai–Sept. 9–20, Okt.–April 8.30–17.30 Uhr

Eines der bekanntesten antiken Monumente der Türkei: die Celsus-Bibliothek in Ephesos, die einst 12 000 Bücher barg.

Ägypten

Das Land am Nil bietet pulsierende Urbanität,
Stille der Wüste und faszinierende Kunstschätze.

*Monumente für die Ewigkeit: Am westlichen Rand des Niltals erheben sich die Pyrami-
den von Giza (→ S. 102), die seit dem 19. Jahrhundert Scharen von Bildungsreisenden
anziehen und Antikenforschern vielerlei Rätsel aufgeben.*

Die Hauptstadt Ägyptens, Kairo, gilt als »Mutter der Welt« und folgt ihrem ganz eigenen Rhythmus. Gleich nebenan ruhen seit Jahrtausenden die Pyramiden von Giza im Wüstensand. Das einzige erhaltene der Sieben Weltwunder der Antike lässt jeden Besucher staunend zurück. Die Hafenstadt Alexandria, einst Perle des Mittelmeers, versucht, an vergangenen Glanz anzuknüpfen.

Alexandria

7 Millionen Einwohner
Stadtplan → S. 99

Alexander der Große gründete die Stadt, unter Caesar und Kleopatra erlebte sie ihre erste Hochblüte. Dann brachten die frühen Christen über den Hafen die dritte der Offenbarungsreligionen nach Ägypten. Geblieben ist dem weltoffenen und kosmopolitischen Alexandria bis heute der Ruf als »Tor zur Welt«. Kultstatus erlangte die Stadt nochmals, als sich in den ersten Jahrzehnten des vergangenen Jahrhunderts westliche Bohemiens und Edel-Aussteiger am Mittelmeer dem süßen Nichtstun hingaben und Literaten wie Lawrence Durrell und E. M. Foster diese Zeit in großer Literatur, wie dem »Alexandria Quartett«, verewigten. Heute erlebt man eine quirlige Hafenstadt, die gegen Übervölkerung und Verfall kämpft – und trotz allem so unglaublich charmant bleibt.

SPAZIERGANG

Einen Spaziergang durch die Stadt beginnt man am besten am **Midan Zaghlul,** wo auch viele Busse und Trambahnen starten. Man lässt die Corniche hinter sich, geht ein Stück die Sh. El-Horreya, und schon ist man in der Sh. Saad Zaghlul, einer der Hauptstraßen von Alexandria, wo abends ein hautenges Gedränge und Geschiebe herrscht. Will man Schmuck kaufen, dann fragt man

sich nach Mansheya und dem **Souk el-Dahab,** dem Goldmarkt, durch. Nördlich der Sh. El-Gumhurriya befindet sich ein bunter **Fischmarkt,** auf dem morgens die Hausfrauen einkaufen. Nahe dem Goldmarkt führt dann der Weg durch Hinterhöfe und verwinkelte Gassen in den **Zanquet el-Sittet,** einen typischen orientalischen Basar, wie man ihn nur noch selten findet. Souvenirs, Kitsch und Trödel gibt es kaum, dafür Kurz- und Kolonialwaren aller Art: Knöpfe, Haarbänder, Kämme, Stoffe, preisgünstige Kleidung. Stoffe werden auf der Stelle zugeschnitten und gesäumt – von Schneidern, die auf uralten Singer-Nähmaschinen kleine Reparaturarbeiten sofort erledigen. Und westlich des Hauptbahnhofs kann man am **Attarin-Flohmarkt** stöbern und dort einfach, aber gut »Kufta«, »Kebab«, gefüllte Täubchen und Wachteln essen.

Kein Shopping ohne Theken-Stopp im Coffeeshop: Zweimal gibt es in der Sh. Saad Zaghlul die **Brazilian Coffee Stores,** eine 1929 gegründete Kaffeerösterei. Im Laden werden die Bohnen frisch geröstet, und an der Theke gibt es Espresso und Chocolat glacé.

SEHENSWERTES

Kom el-Shukaffa ⋯⋯⋖ S. 99, b 3
Unweit der Pompejus-Säule liegen diese größten und bedeutendsten Grabanlagen, die die Römer im griechisch-römisch-ägyptischen Mischstil in Ägypten geschaffen haben. Sie erstrecken sich über insgesamt drei Stockwerke und beinhalten unter anderem einen Raum für den Leichenschmaus und Familientreffen, eine Grabkapelle sowie aus Stein gehauene Liegebänke und Grabnischen.
Sh. Abu Mansura; tgl. 9–16 Uhr;
Eintritt 12 LE

Moschee Abu el-Abbas ⋯⋯⋖ S. 99, b 1
Diese restaurierte Moschee ist ein Meisterwerk islamischer Architektur. Sie wurde in der zweiten Hälfte des

18. Jh. über dem Grab des muslimischen Heiligen Abu el-Abbas errichtet. Besonders schön ist die reich geschmückte Innenkuppel.
El-Corniche

Pompejus-Säule   ⇢ S. 99, b 3
Vermutlich wurde die Säule im 4. Jh. für den römischen Kaiser Diokletian errichtet, der der hungernden Stadtbevölkerung Essen gespendet hatte. Den falschen Namen bekam sie während der Kreuzzüge, weil man glaubte, hier befände sich das Grab des Pompejus. Die Säule aus rosafarbenem Assuan-Granit ist 27 m hoch.
Sh. Amud es-Sawari; tgl. 9–16 Uhr;
Eintritt 15 LE

Qait Bey Fort 👫   ⇢ S. 99, c 1
Der Sultan Qait Bey ließ diese dreistöckige Festung im 15. Jh. errichten. Sie entstand aus den Steinen und an der Stelle des weltberühmten, 140 m hohen **Leuchtturms Pharos**. Dieses Weltwunder der Antike, um 280 v. Chr. von König Ptolemäus II. erbaut, stürzte bei einem Erdbeben im 14. Jh. ein.
Anfushi Bay; Sa–Do 9–16, Fr 8–11.30 und
13.30–17 Uhr; Eintritt 30 LE

Ras-et-Tin-Palast   ⇢ S. 99, a 1
Nur von außen ist dieser Palast zu besichtigen, den Mohammed Ali im 19. Jh. erbauen ließ und der als offizielle Residenz der ägyptischen Könige in Alexandria diente. Der erdrückende Prunk der Innensäle symbolisiert die unumschränkte Macht der Monarchie. Heute dient der Palast für Staatsempfänge.
Ras et-Tin (Feigenkap), Anfuschi

Römisches Theater und Underwater Museum   ⇢ S. 99, c 3
Nahe dem griechisch-römischen Museum wurde im Jahr 1964 ein kleines römisches Theater ausgegraben, das in zwölf halbkreisförmig angeordneten Sitzreihen etwa 750 Zuschauern Platz bot. Es ist das einzige Theater dieser Art in Ägypten. In der Freiluftausstellung sind rund 40 Statuen und Sphingen zu besichtigen, die aus dem Hafenbecken und dem Meer vor Alexandria geborgen wurden.
Nördl. der Main Station

MUSEEN
Griechisch-Römisches Museum   ⇢ S. 99, c 2
In 23 Sälen werden etwa 40 000 Exponate aus der Zeit von 300 v. bis 300 n. Chr. gezeigt, darunter Marmorstatuetten, Schmuck, Münzen, Mumien, Sarkophage, koptische Keramik und Architekturfragmente. Sehenswert sind auch die Rekonstruktionen von vorchristlichen Felsgräbern und der Osiris-Kopf des Antonius.
5, Sh. Al-Mathaf ar-Rumani;
Tel. 4 86 58 20; www.grm.gov.eg;
Wiedereröffnung nach Renovierung
für 2009/10 geplant

Hydrobiologisches Museum 👫   ⇢ S. 99, b 1
In etwa 50 Aquarien werden Fische, Muscheln, Korallen und Schwämme aus dem Mittelmeer, dem Roten Meer und dem Nil gezeigt.
El-Corniche, nahe Anfushi Bay;
tgl. 9–14 Uhr; Eintritt 20 LE

Nationalmuseum   ⇢ S. 99, östl. f 2
1800 Exponate zur Stadtgeschichte seit prähistorischer Zeit birgt das Museum. Beeindruckend: die Ausstellung der von Unterwasser-Archäologen gehobenen Schätze.
Sh. Fouad/Sh. el-Horreya; tgl. 9–16 Uhr;
Eintritt 40 LE

ESSEN UND TRINKEN
Trianon   ⇢ S. 99, c 2
Ein elegantes Restaurant, das vor allem wegen seines alljährlichen Sommergastes Nagib Mahfuz, Ägyptens Literatur-Nobelpreisträger, bekannt ist. Ägyptens beste Pralinen verkauft die hauseigene Konfiserie.
Sh. Saad Zaghlul, Ramle Station ●●

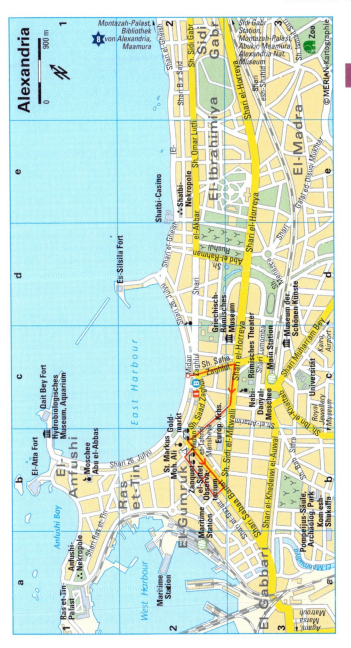

Alexandria

0 900 m

Montazah-Palast,
Bibliothek
von Alexandria,
Maamura

Sidi Gabr
Station,
Montazah-Palast
Abukir, Maamura,
Alexandria Nat.
Museum

Zoo

El-Madra

Sh. el-Gheish
Sh. Sidi Gabr
Sidi Gabr

Sh. el-Horreya
Sh. Omar Lutfi
El-Ibrahimiya

Galaret-el-Disun Mukhtar

Shari el-Horreya

Shatbi-Casino
Shatbi-
Nekropole

El-
el-Akbar

Sh.
Abd el-Rahman
Rushdi

Menascia

Museum der
Schönen Künste

Es-Silsila Fort

Shari 26. July
Shari el-Gheish

Shari

Griechisch-
Römisches
Museum

Römisches Theater
Main Station

Universität
Kairo,
Airport

East Harbour

Midan
Zaghlul

Sh. Safia
Zaghlul

Sh. el-Horreya

Shari Lumomba

Shari Muharram Bey

Qait Bey Fort
Hydrobiologisches
Museum, Aquarium

Moschee
Abu el-Abbas

St. Markus
Moh. Ali

Gold-
markt

Midan
Sh. Saad Zaghlul

Nabi-
Danyal-
Moschee

Royal
Jewellery
Museum

Sh. ibn el-Khatab

El-Atta Fort

El-
Anfushi

Shari 26. July

Zanque
el-Sitteh
Safiyya

Midan
et-Tahrir
Mansheya

Europ. Kchs.

Sh. el-Attarin

Sidra

Ras
et-Tin

Observatorium

Sh. Sidi-El-Mitwalli

Sidra
Sh. Ben

Anfushi
Nekropole

Maritime
Station

Shari Saba Banat

Shari el-Khedeiwi el-Auwal

Pompejus-Säule,
Archäolog. Park
Kom esh-
Shukalfa

Ras et-Tin-
Palast

Anfushi-
Nekropole

Shari Ras et-Tin

West Harbour

El-Gumruk

Maritime
Station

El-Gabbari

El-MOHARRAM

Agami,
Marsa
Matruh

© MERIAN-Kartographie

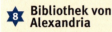

MERIAN-Tipp

⑧ Bibliothek von Alexandria

Das 190 Mio. US-$ teure Gebäude sieht aus – so zumindest die Kritiker – wie ein notgelandetes Ufo, das so gar nicht in die Skyline der Stadt passe. 160 m misst das Schrägdach, auf der Außenwand sind Schriftzeichen aus aller Welt eingemeißelt. Der Lesesaal für 2000 Besucher steigt in sieben Terrassen auf. 8 Mio. Bücher soll die Bibliothek einmal fassen, bislang sind es ca. 900 000. Gegen Eintritt (25 LE) gelangt man in das angeschlossene Planetarium.

El-Shatby Corniche; Tel. 4 83 99 99; www.bibalex.org; So–Do 11–19, Fr, Sa 15–19 Uhr ···⟩ S. 99, östl. f 2

Pastroudis ···⟩ S. 99, c 3

Restaurant, Café und Bar in einem ist dieses bereits im Jahr 1923 gegründete Lokal, das seine Berühmtheit Durrells Roman »Alexandria Quartett« verdankt – und verdientermaßen. Unbedingt sollten Sie die hausgemachten Süßigkeiten probieren.
39, Sh. El-Horreya, Ramle Station ●

EINKAUFEN

Die meisten Geschäfte liegen zwischen Midan Zaghloul (Ramle Station) und Midan Tahrir/Mansheya. Shops für Kleider, Parfums, Schuhe und Elektronikartikel findet man eher in der Zaghloul St., während man von Mansheya aus in den sehr preisgünstigen Gold-Souk eintauchen kann oder in den Zanqet el-Sittet, den engen Basar für Kleidung, Knöpfe, Stoffe, Kämme, Hygieneartikel und jeden nur denkbaren Ramsch und Kitsch.

SERVICE

Auskunft
Tourist Information ···⟩ S. 99, c 2
Midan Saad Zaghlul; Tel. 4 80 76 11 und 4 80 79 85

Ausflug

Kairo

21 Mio. Einwohner
Stadtplan → S. 148/149

El-Qahira heißt Kairo im Arabischen – die Siegreiche. Bisher blieb die Stadt, die alles tut, um sich selbst matt zu setzen, tatsächlich unbesiegt. Es gibt Schätzungen, nach denen täglich 2000 Landbewohner in Kairo eine neue Bleibe suchen. Für viele Besucher ist Kairo gleichbedeutend mit Chaos. Doch die Kairoer haben sich damit längst arrangiert, und der Gast kann das schnell lernen. Lassen Sie sich einlullen von der Hitze und der schlechten Luft, dann werden Sie Kairo am schnellsten verstehen und schätzen können. Denn Kairo ist zweifellos eine der schillerndsten Weltstädte, mit pulsierendem Leben ohne Pause, eine Vielvölker-Metropole mit unterschiedlichsten Bewohnern, eine Hauptstadt des Islam mit tausend Minaretten, ein unüberschaubares Gewirr von Gassen und Straßen. Eine Stadt mit ganz unterschiedlichen Gesichtern bei Tag und in der Nacht.

SPAZIERGANG

Ausgangspunkt ist der Platz vor der Hussein-Moschee gegenüber der Al-Azhar-Moschee (Hinfahrt mit dem Taxi). Überwältigend ist an der Hussein-Moschee der Anblick des Freitagsgebetes, wenn sich in und vor der Moschee ein Meer von Gläubigen gen Mekka verneigt. Man geht zur Hauptstraße des Basars, den Prinz Jaherkas el-Khalili 1382 auf einem ehemaligen Friedhofsgelände gegründet hat. Diesen neuen Souk in unmittelbarer Nähe des Gewürzmarkts nutzten Händler aus Vorderasien, Arabien und Persien, China und Indien für den Handel mit Safran ebenso wie mit Edelsteinen. Der Khan el-Masrur aus den Märchen aus Tausendundeiner Nacht befand sich ganz in der Nähe. Am Beginn der Sh. Muski begegnet man Frauen, die schwere Körbe auf dem Kopf tragen, Arbeitern mit artistisch beladenen Handkarren. Hier bummelt man erst einmal, streift durch Gassen, um dann zum Platz vor der Hussein-Moschee zurückzukehren (keine Angst: Es geht nicht anders, als sich durchzufragen). In der Hussein-Moschee, meist zugänglich für Nicht-Muslime, ist der mit Salz konservierte Kopf des Prophetenenkels Hussein (gefallen 680 in der Schlacht von Kerbala) unter der vergoldeten Grabkuppel beigesetzt. Von hier geht man hinüber zur Al-Azhar-Universitätsmoschee.

Weiter geht es auf der verkehrsreichen Straße Richtung Midan el-Ataba, man biegt nach der Fußgängerbrücke links in die El-Muizz St. (Muizz el-Din Allah). Das linke Eckgebäude ist die 1504 vom letzten Mameluckеn Sultan el-Ghuri errichtete **El-Guri-Moschee** mit einem Mausoleum. Auf der El-Muizz St. findet man die letzten Hutmacher Kairos und Seidenhändler. Auch hier gilt: Gassen erkunden, Handwerker beobachten, die Kupfer bearbeiten oder die Werkstätten der Zeltmacher besichtigen. Ziel ist die **Zitadelle**, die mächtige Festung mit Moschee, großen Palästen und Stallungen nahe der Mokattam-Berge.

Heute beherbergt die Zitadelle das Kriegs-, das Polizei- und das Kutschenmuseum. Keinesfalls verpassen sollte man die als **Alabastermoschee** bekannte Mohammed-Ali-Moschee. Dieser islamische Sakralbau, einer der schönsten Ägyptens, beeindruckt mit seiner riesigen Kuppel in der Mitte sowie den beiden 80-Meter-Minaretten. Der großzügigst mit Alabaster dekorierte Innenraum gab der 1830 bis 1857 im türkischen Rokokostil errichteten Moschee den Namen.

An der Zitadelle liegt auch die sehenswerte **Sultan-Hassan-Moschee**. Mit knapp 82 m besitzt sie eines der höchsten Minarette Kairos. In unmittelbarer Nähe besucht man zum Abschluss die 1912 erbaute **El-Rifai-Moschee** mit den Gräbern des letzten ägyptischen Königs Faruk und des 1980 hier im Exil verstorbenen persischen Schahs Reza Pahlevi.

220 km südöstl. von Alexandria

Sehenswertes
Al-Azhar-Moschee und Universität
···⫸ S. 149, F 2

Gegenüber dem Basar Khan el-Khalili wurde im Jahr 972 die **Blühende Moschee** eingeweiht, am siebten Tag des Ramadan. 16 Jahre später ernannte der Kalif El-Aziz die Moschee offiziell

Hieroglyphen an der Außenwand der Bibliothek von Alexandria: Die neue Bibliothek hat das ehrgeizige Ziel, das gesamte Wissen der Menschheit zu sammeln.

Der nasenlose Wächter: Seit über vier Jahrtausenden hütet der Sphinx die Pyramiden.

zur **Universität**. Durch das **Tor der Barbiere** betritt man die Moschee mit ihren fünf Minaretten und gelangt in den 90 x 40 m weiten Hof, von Arkaden umgeben. Von dort kommt man in den riesigen Gebetsraum (über 3000 qm) mit neun Schiffen. Ein Meisterwerk stellt der **Mihrab** (die Nische in der Wand, die in die Gebetsrichtung weist) dar, einer der ältesten, wenn nicht der älteste Ägyptens. Schwarz-weiße Längsstreifen schmücken die von Marmorsäulen umrahmte Nische.

Cairo Tower 👭 ╌╌➔ S. 148, B 2
Der 187 m hohe Turm ist das Wahrzeichen des modernen Kairo. Bei klarem Wetter sieht man sogar die Pyramiden von Giza, de facto also fast nie.
»El Burg«, Gezira; Eintritt 70 LE

Ibn-Tulun-Moschee ╌╌➔ S. 149, D 4
Im 9. Jh. entstand diese Moschee, die sowohl durch ihre Größe als auch durch die schlichte Ausstattung besticht. Sie ist die zweitälteste Kairos. Wunderbar sind die spiralförmigen Minarette. Nach der Legende steht die Moschee mit ihrem weitläufigen Innenhof, dem sehr schönen Brunnenhaus und seinen Säulengängen exakt an dem Platz, wo Abraham (arabisch Ibrahim) seinen Sohn Isaak Gott zu opfern bereit war. Vom 41 m hohen Minarett hat man einen wunderbaren Blick über das Viertel.
Sh. Darb el-Hosr (Midan Ibn Tulun)

Pyramiden von Giza 👭
╌╌➔ S. 149, südwestl. D 4
Die Pyramiden von Giza oder Giseh, erbaut 2700 bis 2560 v. Chr., stellen den Höhepunkt der ägyptischen Monumentalarchitektur dar. Idee zur Errichtung der Pyramiden war es, dem gottgleichen Pharao den Weg ins Totenreich zu bereiten. Überholt ist in der Forscherwelt mittlerweile die Ansicht, die Pyramiden seien in menschenunwürdiger Sklavenarbeit entstanden. Vielmehr war der Bau eine Art religiöse Erfüllung, und es galt daher als durchaus ehrenhaft, an dem Sakralbau mitzuarbeiten.

Wer die Pyramiden lediglich von außen bewundern möchte, zahlt 50 LE, die Innenansicht kostet weitere 150 LE. Das Tickethäuschen liegt oberhalb des Mena House Hotels.
Ca. 10 km südwestl. von Downtown Kairo

Cheops-Pyramide
An die 2,5 Mio. Steine, davon jeder mindestens 2 t schwer, wurden für die um 2528 v. Chr. fertiggestellte sogenannte große Pyramide verwendet, die Grabstätte des Pharao Chufu (Cheops). Die Cheops-Pyramide ist 137 m hoch und hat eine Basisbreite von 227 m. Nach Hochrechnungen sollen 60 000 bis 70 000 Menschen gut 20 Jahre an dieser Pyramide gearbeitet haben. Der ursprüngliche Eingang ist verschüttet. Durch einen niedrigen, 1,20 m hohen und steilen Schacht steigt man gebückt in die Grabkammer. In die Pyramide gelangt man durch ein enges Loch, das Grabräuber geschlagen haben (Extra-Eintritt, nur

2000 Besucher pro Tag). In der Grabkammer steht ein leerer Sarg.

Die Pyramide als Grab bildete das Zentrum eines heiligen Bezirkes, zu dem der nur mehr im Grundriss erkennbare Totentempel an der Ostseite und ein Taltempel gehörten. In den Höfen und Kapellen des Totentempels betete man und brachte dem Toten Opfer dar. Der Taltempel, am Eingang zum Totenreich erbaut, diente als Leichenhalle. Dort wurde der tote Körper ausgeweidet und mumifiziert. Vor dem Totentempel lagen drei kleinere Pyramiden für Familienangehörige und höfische Würdenträger.

Als archäologisches Grabungsfeld ist das Pyramidenareal, das bis Sakkara und Daschur reicht, noch immer nicht komplett erschlossen. Immer wieder werden Entdeckungen gemacht, wie die der Arbeitersiedlung von Nazlet el-Samman. Oft spielt dann der reine Zufall mit. Der durchgehende Hengst einer Amerikanerin brachte hier die Ägyptologen auf die Spur. Durch das im Sand einsinkende Tier wurden in 1,5 m Tiefe ein Arbeiterdorf und Gräber entdeckt; später fand sich in der Nähe ein zweiter Friedhof für die pharaonische Oberschicht.

Das Besteigen der Pyramide ist nach etlichen schweren Abstürzen offiziell verboten. Inoffiziell wird Ihnen gegen reichlich Bakschisch angeboten, dass die Wärter alle Augen zudrücken, wenn Sie unbedingt hochklettern wollen.

Chephren-Pyramide
Ungefähr 50 Jahre nach der Cheops-Pyramide wurde diese Grabstätte des Pharao Chafre (Chephren) errichtet. Die Chephren-Pyramide ist 136 m hoch und hat eine Basisbreite von 210 m. Ein Gang führt 30 m abwärts zur Grabkammer. Der nebenan liegende Totentempel wurde aus den schwersten Steinen gefügt, die jemals für ein Bauwerk verwendet wurden – 420 t schwere Monolithen. Von den zwei Grabkammern (Extra-Eintritt)

wurde eine nie benutzt; in der anderen befindet sich ein schlichter Sarkophag aus Granit.

Mykerinos-Pyramide
Die Mykerinos-Pyramide ist mit einer Höhe von 108 m und einer Basisbreite von 79 m die kleinste der drei in der 4. Dynastie entstandenen Pyramiden. Als die britischen Forscher im 19. Jh. den Sarkophag nach England bringen wollten, sank das Schiff vor der spanischen Küste.

Sphinx 👫
20 m Höhe, 73 m Länge, ein Gesicht von über 4 m Breite – das sind die Ausmaße des Sphinx', eines Löwen mit Menschenkopf (er ist männlichen Geschlechts). Als Wächter hütete er den Eingang zum Totenreich. Zwischen den Löwenpranken errichtete der spätere König Thutmosis IV. die Traumstele. Nach der Jagd war der junge Prinz einstmals hier eingeschlafen, und im Traum wurden ihm Macht und Königstitel verheißen, falls er den völlig eingesandeten Sphinx vom Wüstensand befreie.

Allzu gute Zeiten standen dem Koloss aber nicht bevor. Sein rätselhaftes Lächeln schien viele zu erschrecken, und mamlukische Schützen waren es, die den Kopf des Sphinx für Schießübungen benutzten. Die abgeschossene Nase und Teile des Bartes kann man noch heute im Britischen Museum in London besichtigen.

Zitadelle 👫 ····▸ S. 149, E/F 3/4
Die Zitadelle bildete einst ein komplettes Regierungsviertel mit Palästen und Gärten. Gegenüber der Alabastermoschee steht die **Sultan-El-Nasir-Moschee** mit ihren römisch-byzantinischen Säulen. Das heutige **Militärmuseum** diente einst Mohammed Alis Familie als privater El-Haram-Palast. Offizieller Regierungssitz war aber der **Gawhara-Palast**, überladen mit Mobiliar und Tand aus dem 19. Jh.
Midan Salah el-Din; Eintritt 40 LE

MERIAN-Tipp

⑨ Café Fishawi

Am Eingang zum Kairoer Basar Khan el-Khalili findet sich, in einem Innenhof versteckt, eines der schönsten Kaffeehäuser der Stadt: Es wurde Mitte des 18. Jh. eröffnet. Eingerichtet ist es im türkischen Stil, mit vielen abgewetzten Spiegeln an den Wänden. Tipp: Tee mit Minze, »Schai bi na'ana«, trinken und dazu eine Wasserpfeife, »Shisha«, rauchen.

Sh. El-Azhar, nahe der
Hussein-Moschee   ⤳ S. 149, F 2

MUSEEN
Ägyptisches Nationalmuseum
⤳ S. 148, C 2

1858 gründete der berühmte Ägyptologe Auguste Mariette das Ägyptische Nationalmuseum, das mit seinen ca. 150 000 Objekten zu den größten Museen der Welt gehört. Die Sammlungen umfassen unter anderem Statuen von Königen, Granitsphingen, Totenfiguren, Leichentücher und Grabbeigaben. Publikumsmagnet sind die Säle mit dem Schatz des Tut-anch-Amun. Seine **Totenmaske** und die beiden Gold- und Holzsarkophage faszinieren in Saal 4. Der massive (!) Goldsarkophag wiegt 225 kg. Er war der innerste Sarg, umgeben von anderen Särgen (der Quarzitsarkophag und ein vergoldeter Holzsarg blieben im Tal der Könige). Der Goldsarkophag trägt an der Stirn die Insignien des Königs, Schlange und Geier. Die beiden Halsketten symbolisieren seinen göttlichen Mut. In den überkreuzten Armen liegen als Zeichen der Regentschaft der Krummstab und der Wedel. Zwei Schutzgöttinnen halten ihre Schwingen um den toten Pharao. Bei den Obduktionen 2006 und 2008 wurde festgestellt, dass Tut-anch-Amun mit maximal 20 Jahren starb und höchstwahrscheinlich einer Knieverletzung durch ein Schwert erlag.

Ein weiterer Höhepunkt ist der erst 1994 wieder eröffnete **Mumiensaal** (Eintritt 80 LE). Zehn der insgesamt 27 Mumien sind nun, restauriert und konserviert, in luftdichten Glas-Spezialvitrinen zu sehen, darunter Ramses II., Ramses V., Thutmosis II. sowie Sethos I.

Midan Tahrir; Tel. 25 75 43 19;
tgl. 9–18.30 Uhr; Eintritt 60 LE

⑩

Koptisches Museum
⤳ S. 148, südl. C 4

Die Sammlung in Alt-Kairo gilt als die umfangreichste ihrer Art. Der Schwerpunkt liegt auf Kunstwerken und Architektur aus dem 4.–11. Jh.: Säulen, Altäre, Wände mit Fresken (z. B. des hl. Georg), Gitter, Decken, Tonscherben, Drechselarbeiten und Töpferwaren. Besonders zu erwähnen sind ein Fresko mit der Darstellung von Adam und Eva aus Fayum sowie eine Nische mit Fresken von Christus, Maria, den Aposteln und den Erzengeln.

Sh. Mar Girgis; Tel. 23 63 97 42; Sa–Do 9–17, Fr 9–11, 13–16 Uhr; Eintritt 40 LE

Museum für Islamische Kunst
⤳ S. 149, E 2

Einen nahezu geschlossenen Überblick über die islamische Kunst verschafft diese umfangreiche Sammlung mit ihren ungefähr 60 000 Objekten. Die Sammlung wurde bereits 1880 gegründet und besteht aus insgesamt 23 Sälen, die nach Materialien und Epochen gegliedert sind. Wer nur einen Überblick sucht, bleibt in den Hallensälen 1 und 13 mit Handschriften, Miniaturen, Teppichen, Textilien, Waffen, Metall-, Holz- und Glasarbeiten.

Midan Ahmed Maher; Tel. 23 90 15 20;
z. Zt. wg. Renovierung geschl.

ESSEN UND TRINKEN
Abou el-Sid   ⤳ S. 148, B 1

Hier diniert man in barocken Salons an niedrigen Tischen und kann die trendbewusste Upperclass beobachten.

157, 26th of July St., Zamalek, Eingang in der Seitenstraße; Tel. 37 35 96 40 ●●●

Zamakmak ⤑ S. 148, westl. A 3
Populäres Fischrestaurant, das seinen Gästen auch einen kleinen gemütlichen Garten zu bieten hat.
24, Sh. Ahmed Orabi, Mohandessin;
Tel. 33 47 82 32 ●●●

El-Tabei ⤑ S. 148, südl. C 4
Hier gehen auch Ägypter »Foul« und »Tameya« essen: eine Mischung aus Bistro und Kantine.
31, Sh. Ahmed Orabi, Downtown,
etwa 30 m südlich der Sh. Ramsis;
Tel. 25 75 32 91 ●

EINKAUFEN
Khan el-Khalili ⤑ S. 149, E/F 2
Sicher die erste und für den Besucher auch unterhaltsamste Einkaufsadresse in Kairo. Dichtere Orient-Almosphäre wird man nirgendwo sonst erleben. Scheinbar unendlich reiht sich Laden an Laden. Angeboten werden: Lederwaren, Goldschmuck, Kleidung, Schuhe, Parfüms, Teppiche, Gardinen, Souvenirs, Spielwaren, Elektrogeräte, Obst und Gemüse, Gewürze und Fleisch.
Die Händler laden Fremde gern auf einen Tee, Kaffee oder ein Glas Limonade und einen Plausch ein – auch wenn sie keine Kaufabsichten zeigen. Wenn Sie tatsächlich etwas kaufen wollen, dann scheuen Sie sich nicht zu handeln. Betrachten Sie die Hälfte oder ein Drittel des geforderten Preises als Ausgangsbasis der Verhandlungen. Gegen aufdringliche Schlepper hilft allerdings nur eins: stur und schweigend weitergehen.

SERVICE
Auskunft
State Tourist Information
⤑ S. 149, D 2
5, Sh. Adly; Tel. 23 91 34 54

Memphis

Jahrhundertelang war Memphis die glänzende Hauptstadt Ägyptens, in der die Pharaonen residierten. Hier lag nicht nur der wichtigste Hafen des Landes, sondern neben Babylon die größte Stadt der Antike. Heute sind davon nur noch Ruinen zu sehen, da ihre Bauwerke in späterer Zeit als »Steinbrüche« verwendet wurden. Zu besichtigen sind die **Tempel des Siamun**, des **Ptah** und – ebenfalls in Überresten – der **Palast des Merenptah**. Sehenswert sind außerdem der **Torso des Kolosses Ramses' II.** sowie der **Alabaster-Sphinx**.
ca. 200 km südl. von Alexandria

Zwischen Moschee-Besuch und Einkauf auf dem Basar: »Shisha« (Wasserpfeife) und »Schai bi na' ana« (Tee mit Minze) im Traditionscafé Fishawi (→ MERIAN-Tipp, S. 104).

Fertig zum Anlegen

Jeder neue Hafen bedeutet ein neues Erlebnis. An Bord und an Land wird es perfekt vorbereitet.

Das offene Meer hat seine ganz besonderen Reize. Aber eine Kreuzfahrt wird erst dadurch schön, dass das schwimmende Zuhause viele ganz unterschiedliche Häfen anläuft, die zu Landausflügen animieren. Mit der Auswahl der Routen und der Anlaufhäfen sind die Experten in den Reedereien ständig beschäftigt. Sie müssen Entfernungen berechnen und die Kapazitäten der Kais, Terminals und Reeden kennen, Partner für die Landausflüge finden und deren Leistung regelmäßig überprüfen, stets auf der Suche nach neuen Anlaufhäfen und interessanten Zielen oder auch sportlichen Aktivitäten vor Ort sein. Damit nicht genug: Sie müssen auch dafür Sorge tragen, dass in jedem Hafen frisches Obst und Gemüse und so manche regionale Spezialitäten geladen werden.

LAND IN SICHT

Der Passagier genießt die Früchte ihrer Arbeit und steht an der Reeling, sobald Land in Sicht kommt. Nicht immer ist der Anblick spektakulär: Alexandria und Bari beispielsweise treten nur als flache Landstreifen aus dem Dunst heraus. Besonders schön ist der Anblick mancher Küsten wie der der Peloponnes, Kretas oder Anatoliens im Frühjahr, wenn die Gipfel der Berge noch bis in den späten April hinein tief verschneit sind. Und immer wird er als fast schon sensationell empfunden, wenn man sich Malta, Rhodos oder Korfu, Istanbul oder Santorin nähert.

Malta, Rhodos und Korfu faszinieren durch ihre Festungsarchitektur. Maltas Wehrhaftigkeit erkennt man zuerst nur an vereinzelten Wachttürmen, die die gesamte Küste säumen. Bei halbwegs klarer Sicht ist dann zumindest mit Fernglas auf einem niedrigen Plateau im Inselzentrum die ummauerte mittelalterliche Stadt des maltesischen Adels, Mdina, mit ihrer Kathedrale zu erkennen. Dann steuert das Schiff auf die im 16. Jh. von den Malteser-Rittern neu gegründete Inselhauptstadt Valletta

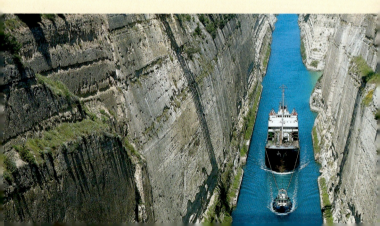

zu. Meterdicke Mauern steigen so hoch wie Wolkenkratzer aus dem Meer empor, werden von Bastionen gesäumt. Man ist in der Geschichte gelandet. Doch anders als damals ist jeder Fremde willkommen: Cafés und Restaurants unter bunten Sonnenschirmen und Markisen laden zum Verweilen ein, statt Schwertergerassel ertönt Musik.

Durch die Dardanellen

Nicht nur in der Geschichte, sondern auch zwischen zwei Kontinenten ist unterwegs, wer sich Istanbul aus der Ägäis nähert. Zwischen Europa und Asien läuft das Schiff in die Dardanellen ein, in der Antike Hellespont genannt. Er ist nur 1200 bis 6500 m breit, gleicht auf 61 km Länge einem breiten, von vielen Schiffen jeder Größe bei Tag und Nacht befahrenen Strom. Das Ostufer gehört bereits zu Asien, am Westufer tobten bei Gallipoli im Ersten Weltkrieg heftigste Kämpfe, die eine halbe Million Tote und Verwundete forderten. Dann läuft

das Schiff ins Marmarameer mit den Prinzeninseln ein, einst Verbannungsort für Kaiser und Prinzen. Jetzt hebt sich auch die prächtige Kulisse Istanbuls immer deutlicher aus dem Meer heraus, bezaubert mit den Minaretten und Kuppeln seiner prunkvollen Moscheen. Der Orient ist erreicht.

Lotse an Bord

Geholfen haben dabei die türkischen Lotsen, die jedes Schiff hier an Bord nehmen muss. Sie meistern auch die S-Kurve bravourös, die die Dardanellen bei Çanakkale beschreiben. Lotsen sind beim Anlaufen vieler Häfen vorgeschrieben, auch bei der Passage des nur für kleinere Kreuzfahrtenschiffe passierbaren Kanals von Korinth sind sie mit an Bord. Sie beraten den Kapitän bis zum Anlegemanöver am Liegeplatz. Da stehen dann an Land die Festmacher bereit. In immer mehr Ländern sind sie keine einfachen Hilfskräfte mehr, sondern haben eine mehrjährige Ausbildung als »Hafenschiffer« absolviert. Während die Passagiere nun von den einheimischen Partnern der Reedereien für ihre Landprogramme empfangen werden, ruht die Arbeit rund ums Schiff keineswegs: Abfälle werden entsorgt, frische Lebensmittel geladen, manchmal auch Trinkwasser gebunkert, Formalitäten mit Grenzpolizei und Zoll erledigt. Für einen Landgang bleibt der Besatzung kaum Zeit.

Durch den sechs Kilometer langen Kanal von Korinth ziehen Schlepper kleinere Kreuzfahrtschiffe. Den Kapitän an Bord unterstützt ein Lotse.

Zypern

Die Insel der schaumgeborenen Aphrodite besticht durch Kunstschätze und landschaftliche Schönheit.

Moderne Geschäftigkeit und beschaulicher Alltag gehen in Limassol, der zweitgrößten Stadt Zyperns, noch Hand in Hand. Die Gassen der Altstadt laden zum Bummeln, Shoppen oder zur Einkehr in einer der vielen nostalgischen Tavernen ein.

Zypern ist der Sage nach die Heimat der Aphrodite, der griechischen Göttin der Schönheit und der Liebe. Hier, auf der östlichsten Mittelmeerinsel, lassen sich aber nicht nur ihre Spuren finden. Auch römische Ruinen, der Tempel des Apoll Hylates und die Kreuzritterburg Kolossi warten darauf, entdeckt zu werden.

Limassol

162 000 Einwohner
Stadtplan → S. 111

Limassol ist eine junge Stadt, deren Attraktivität in der Verquickung von moderner Geschäftigkeit und lebendiger Altstadt liegt. Die Markthallen der Stadt wirken orientalischer als anderswo auf Zypern. Vor Behörden sitzen öffentliche Schreiber an Klapptischen und füllen für die ländliche Bevölkerung Formulare aus, und in den Gassen der Altstadt sind die Geschäfte noch wie in früheren Zeiten nach Warengruppen geordnet.

SPAZIERGANG

Interessant ist in Limassol vor allem das alte **Bazarviertel** rund um die Markthallen. Ein einstündiger Rundgang könnte an der **Burg** und der **Carob Mill** beginnen. Dann geht man durch die Hauptgeschäftsstraße **Ágios Andreas** und biegt nach links zur **Markthalle** ab. Nach dem Besuch der Markthalle kehrt man zur **Uferpromenade** zurück und folgt ihr am Meer entlang mit Blick auf die auf Reede liegenden (Kreuzfahrt-)Schiffe bis zum **Stadtpark**.

SEHENSWERTES

Amáthous   ┈┈⟫ S. 111, östl. c 1
Die Überreste des antiken Stadtkönigtums werden erst seit 1980 erforscht. Daher gibt es noch nicht viel zu sehen. Machen Sie aber ruhig einmal einen Spaziergang zu den Ruinen, wobei Sie zwei Grabungsgebiete ansteuern sollten:

1. Die antike **Akropolis**, auf deren Gipfelplateau die Grundmauern eines römischen Aphrodite-Tempels freigelegt werden, etwa 300 m östlich des Hotels Amathus Beach hinter einer Brücke links den Hang hinauf.

2. Die antike **Agorá**, also der Marktplatz von Amáthous, liegt nördlich der Küstenstraße, etwa 450 m östlich vom Hotel Amathus Beach. Teile einer frühchristlichen Basilika sind gut erhalten.
Tgl. 8–17 Uhr (Juni–Aug. bis 19.30 Uhr)

Burg   ┈┈⟫ S. 111, a 2
Das Kastell, in dem der Legende nach Richard Löwenherz und Berengaria von Navarra getraut wurden, lag im Mittelalter direkt an der Küste. Seine heutige Form erhielt es im 14. Jh., als das Kastell im Besitz der Johanniterritter von Rhodos war. Heute beherbergt es das Zypriotische Museum für das Mittelalter.
Di–Sa 9–17, So 10–13 Uhr

MUSEUM
Archäologisches Bezirksmuseum
          ┈┈⟫ S. 111, nordöstl. c 2
Das nur aus drei Sälen bestehende Museum besitzt einige schöne Hathorkapitelle aus dem 5. Jh., die die enge Verbindung der Stadt mit Ägypten belegen, wo die kuhköpfige Göttin hohe Verehrung genoss.
Byron Street; Di, Mi, Fr 8–15, Do 8–17, Sa 9–15 Uhr

ESSEN UND TRINKEN
Old Fish Harbour (Ladas)
          ┈┈⟫ S. 111, a 3
Renommiertes Fischrestaurant am alten Hafen, hier sind auch viele einheimische Gäste anzutreffen.
So geschl. ●●●●

Stretto   ┈┈⟫ S. 111, a 2
Eines der schicksten Restaurants in Limassol und hippe Lounge an der Carob Mill.
Vasilíssis Street; Bar tgl. ab 11, Restaurant ab 19 Uhr ●●●

MERIAN-Tipp

🔟 Carob Mill

Die Frucht des Johannisbrotbaums galt bis 1960 als »das schwarze Gold Zyperns«. In Limassol wurde 2002 eine große ehemalige Johannisbrotmühle restauriert und zu einem modernen Kultur- und Restaurantzentrum ausgebaut. Eine exzellente Ausstellung erklärt Produktion und Verwertung des Johannisbrots. Ein Besuch lohnt sich besonders am frühen Abend, wenn die Cafés, Restaurants und Lounges rund um die Burg mit Szene-Publikum gefüllt sind.

Vassilíssis Street (an der Burg)
⤑ S. 111, a 2

EINKAUFEN
Markthallen ⤑ S. 111, b 1/2
Im Herzen der Altstadt stehen die Markthallen, wo es bunter, vielfältiger und lebhafter zugeht als in allen anderen auf Zypern. Hier wird mit Fleisch, Fisch, Obst und Gemüse gehandelt, aber auch mit Wein und Spirituosen, Oliven und Nüssen.
Zwischen Athens und Kanáris Street;
Mo, Di, Do, Fr 5.30–14.30, Mi 5.30–13.15,
Sa 5.30–13.45 Uhr

SERVICE
Auskunft
Tourist Information Office
⤑ S. 111, b 2
Odós Spirou Araoúzo 115 A (nahe dem alten Hafen); Tel. 25 36 27 56

Ausflüge

Kolóssi

Als die Johanniterritter 1291 endgültig aus dem Heiligen Land vertrieben wurden, wo sie sich vornehmlich der Krankenpflege gewidmet hatten, fanden sie zunächst auf Zypern Aufnahme. 1310 eroberten sie dann Rhodos für sich und machten es zum Zentrum ihres Ordensstaates. Auf Zypern behielten sie ausgedehnte Ländereien, auf denen sie vor allem Zuckerrohr anbauen ließen. Als Verwaltungssitz bauten sie die Burg von Kolóssi, an die sich eine Zuckerfabrik anschloss.

Der **Wohnturm** der kleinen Burg ist in seiner Spätform aus dem 15. Jh. noch gut erhalten. Im Kellergeschoss liegen die Lagerräume mit Zisternen. Die beiden darüber befindlichen Stockwerke dienten als Wohn- und Repräsentationsräume der Ordensritter. Die Räume waren mit Kaminen beheizbar. Vom zinnenbewehrten Dach des Wohnturms aus hat man einen schönen Blick über die Ebene bis hin nach Limassol und zum Olymp. Im Garten um die Burg stehen hoch gewachsene Zypressen und ein gewaltiger Macherienbaum, der aus Nordamerika stammt und erst vor etwa 150 Jahren gepflanzt wurde. Jenseits der Macherie ist das Endstück eines Aquädukts zu erkennen, über den früher Wasser aus den Bergen floss und eine Zuckerrohrmühle antrieb. Der gotische Hallenbau daneben diente als Büro der Verwaltungsbeamten der Plantagen.
12 km westl. von Limassol
Juni–Aug. tgl. 8–19.30, sonst 9–17 Uhr

Koúrion

Zyperns am schönsten gelegene antike Ruinen stammen im Wesentlichen aus der späten Römerzeit (3./4. Jh.). Die Überreste der von den Römern Curium genannten Großstadt erstrecken sich über ein Felsplateau, das zur Küstenebene hin auf drei Seiten steil 70 m tief abfällt. Koúrion ist sehr viel älter als 1700 Jahre, doch wo genau das alte Stadtkönigtum lag, konnten die Archäologen bis heute noch nicht feststellen. Das Ende Koúrions kam mit den Einfällen der Araber im 7. Jh. Die Ausgrabungsstätten im Einzelnen:

Heiligtum des Apollo Hylates

Es war kultisches Zentrum der Stadt in allen vorchristlichen Epochen und liegt am westlichen Stadtrand. Apollo wurde hier als Beschützer des Waldes und des Wildes verehrt; das Heiligtum lag in einem Wäldchen, in dem nicht gejagt werden durfte. Die wahrscheinlich älteste Kultstätte war ein heute unscheinbares, rundes Felsplateau mit sieben Löchern, in die junge Bäume eingepflanzt waren. Um diese Bäumchen herum tanzten die Gläubigen zu Ehren des Gottes.

Prozessionsweg

Eindrucksvoller als diese ältesten Teile der Kultstätte ist der gepflasterte Prozessionsweg. Er führt zu dem ansatzweise rekonstruierten Apollo-Tempel aus römischer Zeit. Bevor die Pilger den Tempel aufsuchten, konnten sie in den kleinen Geschäften der Stoá noch Opfergaben kaufen. Diese waren aus Ton und wurden von Zeit zu Zeit aus dem Tempel entfernt und

in heiligen Opfergruben »bestattet«. Eine solche Opfergrube mit zahlreichen Objekten aus der Frühzeit gab den Archäologen wertvolle Hinweise auf die Geschichte des Heiligtums. Die Römer legten auch hier Thermen an und erbauten eine Palästra, wo Ringkämpfer vor Wettbewerben trainieren konnten.

Stadion

Die gut erhaltene Sportanlage ist 229 m lang und bot auf sieben Sitzreihen Platz für 6000 Zuschauer.

Eustolios-Komplex

Vom Eingang aus kommt man zum römischen Theater und zum Eustolios-Komplex, der aus einer römischen Villa und einer Thermenanlage besteht, die bis ins 7. Jh. hinein benutzt wurde. Das Besondere sind die Mosaikfußböden aus der Zeit des Übergangs zwischen Heiden- und Christentum.

Theater

Das römische Theater liegt neben dem Eustolios-Komplex am zum Meer

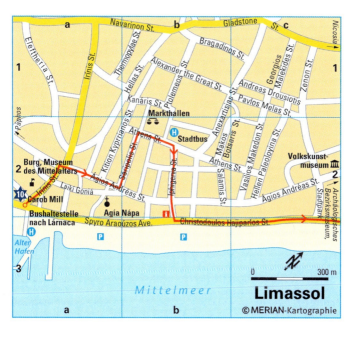

hin abfallenden Hang. Von hier haben Sie einen Blick auf den langen Kieselstrand Koúrion Beach und auf die Halbinsel Akrotíri. Das Theater fasst 3500 Zuschauer.

14 km westl. von Limassol

Basilika

Ein breiter Weg führt vom Theater zur frühchristlichen Basilika aus der Übergangszeit vom Heidentum zum Christentum: Die Stadt Koúrion war von einem Erdbeben weitgehend zerstört, Tempel und öffentliche Gebäude waren eingestürzt. Obwohl das Christentum gerade zur Staatsreligion erhoben worden war, hingen viele Menschen noch dem alten Glauben an. Wollte man sie für den neuen Glauben gewinnen, musste der neue Gott ebenso glanzvoll sein wie die alte Götterwelt. Also machte man sich daran, einen Kirchenkomplex aus sorgfältig bearbeiteten Quadern und Säulen der Erdbebenruinen zu erbauen, der den alten Tempeln an Pracht ebenbürtig war. Das Gotteshaus gliederte sich in fünf Schiffe. Die beiden äußeren Kirchenschiffe waren jeweils durch eine Mauer von den drei mittleren getrennt. So konnten Ungetaufte den Gottesdienst verfolgen, waren aber vom zentralen, mystischen Ereignis des Abendmahls ausgeschlossen. An ihm durften sie erst teilhaben, nachdem sie getauft worden waren. Wie in der Antike wohnten Priester und Bischöfe im Kultbezirk selbst.

16 km westl. von Limassol
Juni–Aug. tgl. 8–19.30, sonst 9–17 Uhr

Lady Mile Beach

····❯ S. 116, A 12

Die Strände in Limassol sind nicht sehr attraktiv. Der beste Sandstrand in der Nähe von Limassol erstreckt sich über mehrere Kilometer entlang der Ostküste der Halbinsel Akrotíri.

8 km südl. von Limassol

Páphos

48 000 Einwohner

Besonders reizvoll an Páphos ist das Nebeneinander von Bauten aus der Antike, dem Mittelalter und der Neuzeit. Der idyllische Fischerhafen ist landseitig von Festungen, Mosaiken, mittelalterlichen Kirchen und den Grundmauern frühchristlicher Basiliken umgeben. Geschäftshäuser, Gästeunterkünfte und die schlichten Wohnhäuser der Einheimischen stehen hier einträchtig nebeneinander; christliche Kirchen, islamische Kuppelbauten und antike Ruinen verleihen dem Stadtbild von Páphos zusätzlich ein abwechslungsreiches und stilvolles Ambiente.

69 km westl. von Limassol

SEHENSWERTES
Königsgräber

Nahe dem Meer, nordwestlich des Hafens an der Straße nach Coral Bay, liegen prächtige Gräber von Wohlhabenden und Mächtigen aus dem 3. Jh. v. Chr. Von den Wohnhäusern jener Zeit blieb nahezu nichts erhalten, doch die Grabarchitektur verrät auch einiges über die Wohnarchitektur; z. B. die beiden Peristylgräber. Aus dem Fels gehauene Stufen führen hinunter in einen Innenhof, der von dorischen Säulen und Pfeilern umstanden ist. Peristylhöfe bildeten wohl auch das Zentrum ptolemäischer Wohnhäuser. Hier in den Gräbern gehen vom Innenhof Grabkammern ab. Die Gräber wurden bis in römische Zeiten hinein genutzt. Später hat man dann auch noch kleinere Bestattungsnischen in die Felswände gehauen, sogenannte Loculi.

Juni–Aug. tgl. 8–19.30, sonst tgl. 8–17 Uhr

Mosaiken

Die berühmten Mosaiken von Páphos wurden erst 1962 und 1983 zufällig bei Baggerarbeiten entdeckt. Sie bedecken die Böden römischer Villen, die nur noch in Grundmauern erhalten sind und dicht beieinander im Nordwesten des Hafens stehen.

Haus des Aeon

Die Mosaiken stammen aus der zweiten Hälfte des 4. Jh., in der das Christentum schon zahlreiche Anhänger in Páphos hatte. Die Themen dieser Mosaiken sind noch der antiken Mythologie entnommen: Hermes hält den neugeborenen Gott Dionysos auf dem Schoß wie später Maria das Christuskind, zwei Nymphen bereiten ein Wasserbecken wie zur Taufe vor. Einige der Götter tragen Heiligenscheine wie später die Heiligen der christlichen Kirche.

Haus des Dionysos

In der größten der drei Villen sind die meisten Mosaiken zu sehen. Sie sind in das frühe 3. Jh. zu datieren. Ihre Themen entstammen zumeist der **Mythologie** und stellen Liebschaften mit mehr oder weniger glücklichem Ausgang dar: Zeus und Ganymed, Narziss und sein Spiegelbild, Pyramos und Thisbe, Dionysos und die Nymphe Akme, Poseidon und Amymone, Peneios und Apoll und Daphne, Hippolytos und Phädra. Ein zweiter Themenkreis rankt sich um den **Wein.** Zu sehen sind Szenen einer Weinlese, der Triumphzug des Dionysos, der als Gott des Weinbaus und als leidenschaftlicher Weintrinker galt, und die ersten Weintrinker der Menschheitsgeschichte.

Haus des Theseus

Die beiden Mosaiken stammen aus verschiedenen Epochen. Das kreisförmige Mosaik des Theseus entstand im späten 3. Jh., das des Achill im frühen 5. Jh., als das Christentum schon Staatsreligion war.

Das **Theseus-Mosaik** ist nicht nur wegen der Schönheit seiner Farben und Formen, sondern auch wegen der auf wenige Elemente konzentrierten Aussagekraft von Interesse. Theseus steht in der Mitte eines runden Bildfeldes und kämpft gegen den Minotauros. Links oben ist Ariadne zu sehen, die Theseus einerseits durch den »Ariadne-Faden« den Rückweg aus dem Labyrinth ermöglicht, andererseits auf die Zukunft verweist, weil Theseus mit ihr später gen Naxos davonsegelt.

Das **Achilles-Mosaik** aus der Zeit des endgültigen Übergangs vom Heiden- zum Christentum beweist, dass der Bruch mit der Antike nicht abrupt erfolgte. Das Thema entstammt eindeutig der heidnischen Mythologie.
Im Archäologischen Park

ESSEN UND TRINKEN
To Ellinikón
Gepflegte Taverne mit kretischem Koch. Es gibt eine riesige Auswahl, und mehrmals wöchentlich findet abends griechische Livemusik statt.
Vótsi Street 8–10; Mo–Sa ab 8 Uhr ●●

Die berühmten antiken Mosaiken von Páphos erzählen Geschichten voller Dramatik und Lebenslust.

Wissenswertes über das östliche Mittelmeer

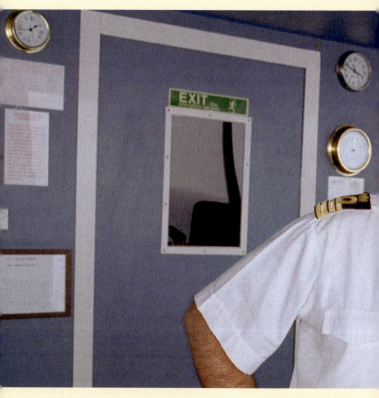

Dem Kapitän eines Kreuzfahrtschiffs obliegt neben repräsentativen Aufgaben, etwa die Begrüßung der Gäste und die Teilnahme an den Mahlzeiten, die Verantwortung für den Bord- und Brückenbetrieb. Vertreten wird er vom Ersten Offizier.

Fragen zu Anreise, Bordwährung oder Buchung?
Hier finden Sie alle Informationen, die Sie für
eine Kreuzfahrt im östlichen Mittelmeer benötigen – mit Essdolmetscher und Sprachführer.

Nie wieder sprachlos

Italienisch

Wichtige Wörter und Ausdrücke

ja	*sì*
nein	*no*
danke	*grazie*
Wie bitte?	*prego, come?*
Ich verstehe nicht	*non capisco*
Entschuldigung	*scusa, scusi*
Hallo	*ciao*
Guten Morgen/ Guten Tag	*buon giorno*
Guten Abend	*buona sera*
Auf Wiedersehen	*arrivederci*
Ich heiße ...	*mi chiamo ...*
Ich komme aus ...	*(io) vengo da ...*
Wie geht´s?	*Come va?*
Danke, gut.	*Bene, grazie.*
wer, was, welcher	*chi, (che) cosa, quale*
wann	*quando*
wie viel	*quanto*
wie lange	*per quanto tempo*
Sprechen Sie deutsch/ englisch?	*Lei parla il tedesco/l'inglese?*
heute	*oggi*
morgen	*domani*
gestern	*ieri*

Zahlen

eins	*uno*
zwei	*due*
drei	*tre*
vier	*quattro*
fünf	*cinque*
sechs	*sei*
sieben	*sette*
acht	*otto*
neun	*nove*
zehn	*dieci*
einhundert	*cento*
eintausend	*mille*

Wochentage

Montag	*lunedì*
Dienstag	*martedì*
Mittwoch	*mercoledì*
Donnerstag	*giovedì*
Freitag	*venerdì*
Samstag	*sabato*
Sonntag	*domenica*

Unterwegs

rechts	*destra*
links	*sinistra*
geradeaus	*diritto*
Wie weit ist es nach ...?	*Quanto è distante ...?*
Wie kommt man nach ...?	*Come si arriva a ...?*
Wo ist ...	*Dove è ...*
– der Bahnhof?	*– la stazione?*
– die nächste Bank?	*– la banca più vicina?*
Wo finde ich ...	*Dovo trovo ...*
– einen Arzt?	*– un medico?*
– eine Apotheke?	*– una farmacia?*
– die Touristeninformation?	*– l'informazione turistica?*
Eine Fahrkarte nach ... bitte!	*Per favore, un biglietto per ...!*

Restaurant

Die Speisekarte bitte!	*Il menu, per favore!*
Die Rechnung bitte!	*Il conto, per favore!*
Ich hätte gern ...	*Vorrei ...*
Wo finde ich die Toiletten?	*Dove trovo i gabinetti?*
Kellner/-in	*cameriere/-a*
Frühstück	*prima colazione*
Mittagessen	*pranzo*
Abendessen	*cena*

Einkaufen

Haben Sie ...?	*Lei ha ...?*
Wie viel kostet ...?	*Quanto costa ...?*
Das gefällt mir (nicht).	*Questo (non) mi piace.*
geöffnet/ geschlossen	*aperto/chiuso*

Englisch
Wichtige Wörter und Ausdrücke

Ja	*Yes*
Nein	*No*
Bitte	*please*
Gern geschehen	*My pleasure/ you're welcome*
Danke	*Thank you*
Wie bitte?	*Pardon?*
Ich verstehe nicht	*I don't understand*
Hallo	*Hello*
Einen Augenblick, bitte	*One moment, please*
Entschuldigung	*Sorry/I beg your pardon/ excuse me*
Guten Morgen	*Good morning*
Guten Tag	*How do you do*
Guten Abend	*Good evening*
Ich heiße ...	*My name is ...*
Ich komme aus ...	*I come from ...*
Wie geht's?	*How are you?*
Danke, gut	*Fine, thanks*
Wer, was, welcher	*Who, what, which*
Wie viel	*How many/how much*
Wo ist ...	*Where is ...*
Wann	*When*
Wie lange	*How long*
Sprechen Sie Deutsch?	*Do you speak German?*
Auf Wiedersehen	*Good bye*
Heute	*Today*
Morgen	*Tomorrow*

Zahlen

eins	*one*
zwei	*two*
drei	*three*
vier	*four*
fünf	*five*
sechs	*six*
sieben	*seven*
acht	*eight*
neun	*nine*
zehn	*ten*
einhundert	*one hundred*
eintausend	*one thousand*

Wochentage

Montag	*Monday*
Dienstag	*Tuesday*
Mittwoch	*Wednesday*
Donnerstag	*Thursday*
Freitag	*Friday*
Samstag	*Saturday*
Sonntag	*Sunday*

Unterwegs

Wie weit ist es?	*How far is it to ...?*
Wo ist ...?	*Where is ...?*
– die nächste Bus-Station	*– the nearest bus terminal*
– die Bank	*– the bank*
Wo finde ich einen Arzt/ eine Apotheke?	*Where do I find a doctor/ a pharmacy?*
rechts	*right*
links	*left*
geradeaus	*straight ahead*
Eine Fahrkarte nach ... bitte	*A ticket to ... please*

Restaurant

Die Speisekarte bitte	*Could I see the menu, please?*
Die Rechnung bitte	*Could I have the bill, please?*
Ich hätte gern einen Kaffee	*I would like to have a cup of coffee*
Wo finde ich die Toiletten?	*Where are the washrooms?*
Kellner	*waiter*
Frühstück	*breakfast*
Mittagessen	*lunch*
Abendessen	*dinner*

Einkaufen

Haben Sie ...?	*Do you have ...?*
Wie viel kostet das?	*How much is this?*
Das ist zu teuer	*That's too much*
Danke, das ist alles	*Thank you, that's it*
geöffnet/ geschlossen	*open/closed*
Bäckerei	*bakery*
Kaufhaus	*department store*
Markt	*market*
Lebensmittelgeschäft	*supermarket/ grocery shop*

Kroatisch

Zur Aussprache

c	wie »tz« in Katze
č	wie in Tschechien
ć	wie das »tch« in Pfötchen
dž	wie »dsch« in Dschunke
h	wie das »ch« in Dach
š	stimmloses »sch« wie in Schotte
v	wie »w« in Watt
z	stimmhaftes »s« wie in Hose
ž	wie »j« in Journal

Wichtige Wörter und Ausdrücke

ja	da
nein	ne
bitte ...	molim ...
danke	hvala
und	i
Wie bitte?	Molim?
Ich verstehe nicht.	Ne razumijem.
Entschuldigen Sie!	Oprostite!
Guten Tag!	Dobar dan!
Guten Morgen!	Dobro jutro!
Guten Abend!	Dobra večer!
Gute Nacht!	Laku noć!
Auf Wiedersehen!	Doviđenja!
Tschüss!	Bok!
heute	danas
gestern	jučer
morgen	sutra
Wie geht es Ihnen?	Kako ste?
Gut	dobro
Schlecht	loše
Sprechen Sie ...	Govorite li ...
Englisch	engleski
Deutsch	njemački
Ich heiße ...	Zovem se ...
Ich komme aus ...	Ja sam iz ...
Wer/Was/Welcher?	tko/što/koji?

Zahlen

eins, ein, eine	jedan, jedno, jedna
zwei	dva
drei	tri
vier	četiri
fünf	pet
sechs	šest
sieben	sedam
acht	osam
neun	devet
zehn	deset
hundert	sto
tausend	tisuću

Wochentage

Montag	ponedjeljak
Dienstag	utorak
Mittwoch	srijeda
Donnerstag	četvrtak
Freitag	petak
Samstag	subota
Sonntag	nedjelja

Unterwegs

Wo ist ...?	Gdje je ...?
Bank	banka
Fremdenverkehrsbüro	Informacije za turiste
Wie viel kostet die Fahrkarte?	Pošto je karta?
links	lijevo
rechts	desno

Restaurant

Kellner!	Konobar!
Speisekarte	jelovnik
Frühstück	doručak, zajutrak
Mittagessen	ručak, objed
Abendessen	večera
Ich nehme ..., bitte.	Ja ću ... molim.
Die Rechnung, bitte.	Molim donesite račun.

Einkaufen

Haben Sie ...	Imate li ...?
Ich möchte ... kaufen.	Htio bih kupiti ... (m.). Htjela bih kupiti ... (w.).
Wie viel kostet das?	Pošto je ovo?
Das ist mir zu teuer.	To mi je skupo.
Geschäft	dućan
Markt	tržnica
offen, geöffnet	otvoreno
geschlossen	zatvoreno

Griechisch

Wichtige Wörter und Ausdrücke

ja	*nä*
nein	*óchi*
danke	*efcharistó*
bitte	*parakaló*
und	*ke*
Wie bitte?	*Oríste?*
Ich verstehe nicht.	*Den katalawéno.*
Entschuldigung	*signómi*
Hallo	*jiá/jássas*
Guten Morgen	*kaliméra*
Guten Abend	*kalispéra*
Auf Wiedersehen	*jiá/jássas/adío*
Ich heiße ...	*Me léne ...*
Ich möchte ...	*Tha íthela ...*
Wissen Sie ...?	*Ksérete ...?*
wer, was, welcher	*pjoss, ti, pjoss*
wann	*póte*
wie viel	*pósso*
Sprechen Sie deutsch?	*Miláte jermaniká?*
heute	*símera*
morgen	*áwrio*
gestern	*echtés*

Zahlen

eins	*énas, mía, éna*
zwei	*dío*
drei	*tría, tris*
vier	*téssera, tésseris*
fünf	*pénde*
sechs	*éksi*
sieben	*eftá*
acht	*októ*
neun	*ennéa*
zehn	*déka*
einhundert	*ekató*
eintausend	*chília, chílji, chíljes*

Wochentage

Montag	*deftéra*
Dienstag	*tríti*
Mittwoch	*tetárti*
Donnerstag	*pémpti*
Freitag	*paraskewí*
Samstag	*sáwwato*
Sonntag	*kyriakí*

Unterwegs

Wie weit ist es nach ...?	*Pósso makriá ine ja ...?*
Wo ist ...	*Pu íne ...*
– der Bahnhof?	– *o stathmós?*
– die nächste U-Bahn-Station?	– *o epómenos stathmós tu metró?*
– die Touristeninformation?	– *to praktorío turistikón pliroforión?*
– die Bank?	– *mía trápeza edó kondá?*
Ich möchte ...	*Tha íthela ...*
Wo finde ich ...	*Pu boró na wró ...*
– einen Arzt?	– *éna jatró?*
– eine Apotheke?	– *éna farmakío?*
Eine Fahrkarte nach ... bitte!	*Éna issitírio ja ... parakaló!*
rechts	*deksiá*
links	*aristerá*
geradeaus	*efthía*

Restaurant

Die Speisekarte bitte!	*Ton katálogo, parakaló!*
Die Rechnung bitte!	*To logarjasmó, parakaló!*
Auf Ihr Wohl!	*Stin ijá sas!*
Wo finde ich die Toiletten?	*Pu íne i tualéttes?*
Kellner/-in	*servitóros/servitóra*
Frühstück	*proinó*
Mittagessen	*mesimerianó*
Abendessen	*dípno*

Einkaufen

Wo gibt es ...?	*Pu échi .../ pu ipárchi ...?*
Haben Sie ...?	*Échete ...?*
Wie viel kostet ...?	*Pósso káni/ pósso kostísi ...?*
Das ist sehr teuer.	*Íne polí akriwó.*
Danke, das ist alles.	*Aftá, efcharistó.*
geöffnet/ geschlossen	*aniktá/klistá*
Bäckerei	*artopiío, fúrnos*
Lebensmittelgeschäft	*pandopolío/ míni márket*

Türkisch

Aussspracheregeln

c: dtsch, wie in »Dschungel«
ç: tsch, wie in »Tschako«
ğ: wie ein deutsches »j«
ı: wie unbetontes deutsches »e«
j: wie in französisch »journal«
s: Immer scharf, wie in »Fass«
ş: wie deutsches »sch«
z: wie in »singen«
y: wie deutsches »j«.

Wichtige Wörter und Ausdrücke

ja	evet
nein	hayır
bitte	lütfen
danke	teşekkür ederim/ sağ olun
Wie bitte?	efendim?
Ich verstehe nicht	anlamadım
Entschuldigung	özür dilerim/ affedersiniz
Guten Morgen	günaydın
Guten Tag	iyi günler
Guten Abend	iyi akşamlar
Hallo	merhaba
Ich heiße...	ismim...
Ich komme aus...	...'den/... 'dan geliyorum
Wie geht's?	nasılsınız?/nasılsın?
Danke, gut	teşekkür ederim, iyiyim
Wer, was, welcher?	kim?, ne?, hangi?
Wie viel?	kaç?, ne kadar?
Wo ist?	... nerededir?
Wann?	ne zaman?
Wie lange?	ne kadar?
Sprechen Sie Deutsch?	Almanca biliyor musunuz?
Auf Wiedersehen!	iyi günler!
heute	bugün
morgen	yarın
gestern	dün

Zahlen

eins	bir
zwei	iki
drei	üç
vier	dört
fünf	beş
sechs	altı
sieben	yedi
acht	sekiz
neun	dokuz
zehn	on
hundert	yüz
tausend	bin
hunderttausend	yüzbin
eine Million	milyon

Wochentage

Montag	pazartesi
Dienstag	salı
Mittwoch	çarşamba
Donnerstag	perşembe
Freitag	cuma
Samstag	cumartesi
Sonntag	pazar

Unterwegs

Wie weit ist es nach ...?	... ne kadar uzaktır?
Wo ist ...?	nerededir ...?
– der Bahnhof/ Busbahnhof	gar/otogar
– die nächste Bank	en yakın banka
– ein Arzt/eine Apotheke	bir doktor/ bir eczane
rechts	sağ
links	sol
geradeaus	düz
Eine Fahrkarte nach ... bitte!	...'e/...'a bir bilet, lütfen!
Ich möchte ... Euro in ... (Währung) wechseln	... Euro ... Türk Lirası'na (liraya) bozdurmak istiyorum

Einkaufen

Haben Sie ...?	... iniz/...ınız/... unuz/ ...ünüz var mı?
Wie viel kostet das?	bunun fiyatı nedir?
Danke, das ist alles!	bu kadardır, teşekkür ederim!
geöffnet/ geschlossen	açık/kapalı
Bäckerei	pastane
Kaufhaus	mağaza
Markt	pazar/çarşı

Arabisch
Wichtige Wörter und Ausdrücke

Ja	*aiwa*
Nein	*la*
Bitte (m/w)	*law samaht/*
	law samahti
Danke	*schukran*
und	*we*
Wie bitte?	*Naam?*
Ich verstehe	*ana misch fahim/*
nicht (m/w)	*fahma*
Entschuldigung	*ana asif/asfa*
(m/w)	
Guten Morgen	*sabah el-kheir*
(Antwort darauf)	*sabah en-nur*
Guten Tag	*misa el-kheir*
(Antwort darauf)	*misa en-nur*
Guten Abend	*misa el-kheir*
(Antwort darauf)	*misa en-nur*
Ich heiße	*ana ismi*
Ich komme aus	*ana min ...*
Wie geht's	*izaiak/izaiik?*
(m/w)	
Danke, gut	*al-hamdulilah*
(m/w)	*quweies/quweiessa*
Wer, was,	*min, eh, ani*
welcher	
Wie viel?	*kam?*
Wann?	*imta?*
Wie lange?	*Ad eh waqt?*
Sprechen Sie	*inta/inti bitkal*
Deutsch	*lim/bitkallimi al*
(m/w)?	*mani?*
Auf Wieder-	*maasselama*
sehen	
heute	*innaharda*
morgen	*bukra*

Zahlen

eins	*wahid*
zwei	*itnen*
drei	*talata*
vier	*arbaa*
fünf	*chamsa*
sechs	*sitta*
sieben	*sabaa*
acht	*tamania*
neun	*tissaa*
zehn	*ashara*
elf	*hedashar*
hundert	*meya*
tausend	*alf*

Wochentage

Montag	*yom el-etnehn*
Dienstag	*yom el-talat*
Mittwoch	*yom el-aarbaa*
Donnerstag	*yom el-khamis*
Freitag	*yom el-gumaa*
Samstag	*yom el-sabt*
Sonntag	*yom el-had*

Unterwegs

Wie weit ist es	*... baiida aan hena*
nach ...?	*ad eh?*
Wie kommt	*izzay awsal lil ...*
man nach ...	
Wo ist ...	*Mahattit il qatr/*
– der Bahnhof/	*– mahattit il*
Busbahnhof	*autobis*
– die nächste	*– mahattit il metro*
U-Bahn	
– die Bank	*– aqrab bank*
Wo finde ich	*fehn aqrab doctor/*
einen Arzt/	*aghzakhana*
eine Apotheke	oder *saidleia*
rechts	*yimin*
links	*shimal*
geradeaus	*aalatul*
Eine Fahrkarte	*tazkara lil ...*
nach	
Ich möchte ...	*ana ayiz/ayza aha-*
Euro in LE	*wil ... euro li gineh*
wechseln	

Restaurant

Die Speisekarte	*il menu law sa*
bitte (m/w)	*maht/samahti*
Die Rechnung	*il hisab law*
(m/w)	*sabitte maht/*
	samahti
Wo finde ich	*Fen il toilette?*
die Toiletten?	
Kellner	*garcon*
Frühstück	*fitar*
Mittagessen	*ghadda*
Abendessen	*aasha*

Einkaufen

Haben Sie	*hadritak/hadritik*
(m/w)	*andak/andik*
Danke, das ist	*schukran bass*
alles	*keda*
Geöffnet/	*maftuh/*
geschlossen	*maqful*

Die wichtigsten kulinarischen Begriffe

Italienisch

A/B
aglio: Knoblauch
arrosto: Braten, gebraten
asparago: Spargel
baccalà: Stockfisch
bistecca: Steak
bollito: gekocht
alla brace: auf Holzglut gebraten
branzino: Seebarsch
brasato: Schmorbraten, geschmort
brodo: Bouillon

C
cacciucco: pikante Fischsuppe
cannolo: Teigröllchen gefüllt mit Käse (süß), oft mit Nougat und kandierten Früchten
cape sante: Jakobsmuscheln
carciofi: Artischocken
cece: Kichererbse
cefali: Meeräschen
cinghiale: Wildschwein
cipolla: Zwiebel
coda di rospo: Seeteufel
codeghin: Schweinswurst
coniglio: Kaninchen
costata: Entrecôte
cozze: Muscheln

D/F
datteri di mare: Muschelart
dentice: Zahnbrasse
fagiolata: Bohnengericht
fegato: Leber
fettuccine: flache Bandnudeln
finocchio: Fenchel
focaccia: Brot mit Olivenöl, oft belegt mit Zwiebeln oder Tomaten
frittata: Omelett
fritto: frittiert

G/I
gallina: Henne
gambero: Krebs
insalata: Salat
– *mista:* gemischter Salat
– *verde:* grüner Salat
involtini: Fleischrouladen

L/M
lenticchie: Linsen
lepre: Hase
linguine: schmale Bandnudeln
lumache: Schnecken
macedonia di frutta: Obstsalat
maiale: Schwein
manzo: Rindfleisch
melanzana: Aubergine
merluzzo: Kabeljau
minestrone: dicke Gemüsesuppe

O/P
pancetta: Bauchspeck
pappardelle: lange, breite Nudeln
pasta e fagioli: Nudeln mit Bohnensuppe
patate: Kartoffeln
pesce: Fisch
pollo: Huhn
polpetta di carne: Fleischbällchen
polpo: Krake
pomodoro: Tomate
porcini: Steinpilze
profiterole: kleine gefüllte Windbeutel

R/S/T
ricotta: weicher Schafmilchkäse
salsiccia: würzige Schweinswurst
saltimbocca: Kalbfleisch mit Schinken, Salbei und Weinsauce
Sedano: Sellerie
seppie: Tintenfische
scaloppa: Schnitzel
sogliola: Seezunge
sopressa: dicke Bauernsalami
spezzatino: Gulasch
stoccafino: Stockfisch
stracchino: cremiger, weicher Käse
tartufo: Trüffel
tonnato: in Thunfischsauce
tramezzino: weiches Sandwich
trota: Forelle

V
verdura: grünes Gemüse
vitello: Kalbfleisch
vongole: Venusmuscheln

Englisch

A/B

asparagus: Spargel
baked: gebacken
beans: Bohnen
beef: Rindfleisch
bitter: dunkles Bier
boiled: gekocht, gesotten
bone: Knochen oder Gräte
brownie: Schokoladenkuchen
Brussels sprouts: Rosenkohl
bun: süßes Brötchen

C/D/E

cabbage: Kohl
calves liver: Kalbsleber
cauliflower: Blumenkohl
champagne: Sekt
chicken: Huhn, Hühnerfleisch
chop: Kotelett
cod: Kabeljau
cooked: gebraten, gebacken
cottage cheese: Hüttenkäse
cutlet: Kotelett
draught beer: Bier vom Fass
duck: Ente
dumplings: Klöße
egg: Ei
 – *boiled egg:* gekochtes Ei
 – *fried egg:* Spiegelei
 – *scrambled egg:* Rührei
escalope: Schnitzel

F/G/H

fish'n' chips: Fisch mit Pommes
french beans: grüne Bohnen
fried: in der Pfanne gebraten
game: Wild
gravy: Bratensoße
grilled: gegrillt
haddock: Schellfisch
ham: gekochter Schinken

K

kidney: Niere

L/M/O

lager: helles Bier
lamb: Lamm, Schaffleisch
leek: Lauch, Porree
lentils: Linsen
lettuce: (Kopf-)Salat

liver: Leber
lobster: Hummer
loin: Lendenstück
mackerel: Makrele
mashed potato: Kartoffelbrei
meat: Fleisch
minced meat: Hackfleisch
mushroom: Pilz
mussel: Muschel
mustard: Senf
oysters: Austern

P/R/S

parsley: Petersilie
peppers: Paprika (Gemüse)
pie: Pastete
poached: pochiert
pork: Schweinefleisch
porridge: Haferbrei
poultry: Geflügel
prawn: Garnele
pumpkin: Kürbis
raspberries: Himbeeren
raw: roh
rib: Rippe
roast: Braten
roll: Brötchen
salmon: Lachs
scallop: Kammmuschel
scones: (weiches) Teegebäck
sea-food: Meeresfrüchte
shrimps: Krabben
sirloin: Lendenstück vom Rind
smoked: geräuchert
sole: Seezunge
sparkling: sprudelnd
spicy: gewürzt, pikant
steamed: gedämpft
stewed: geschmort
stout beer: dunkles Starkbier
stuffed: gefüllt

T/V/W

trifle: süßer Auflauf mit Früchten
trout: Forelle
tuna: Thunfisch
turkey: Truthahn
veal: Kalbfleisch
vegetable: Gemüse
venison: Wild, Reh
well-done: durchgebraten
whipped cream: Schlagsahne

Kroatisch

A/B

ajvar: pikante Würzbeilage
arbun: Rotbrasse
bakalar: Stockfisch
bijeli luk: Knoblauch
bijeli sir: Frischkäse, Quark
biska: spezieller Schnaps
breskva: Pfirsich
burek: gefüllte Pasteten

C/D/F

čaj: Tee
čevapčići: Hackfleischröllchen
cipal: Meeräsche
dagnje: Miesmuscheln
dinja: Honigmelone
dingač: lokaler Rotwein
divlač: Wild
fuži: Maultaschen

G/H/J

govedina: Rindfleisch
grožđe: Weintrauben
hrvatica: lokaler Roséwein (trocken)
jabuka: Apfel
jagode: Erdbeeren
jaja: Eier
janjetina: Lammfleisch
juha: Suppe

K/L/M

kava: Kaffee
kobasice: Würstchen
kolač: Kuchen
kozji sir: Ziegenkäse
kruh: Brot
krumpir: Kartoffel
kruška: Birne
lignja: Tintenfisch
malvazija: lokaler Weißwein
maslac: Butter
masline: Oliven
med: Honig
meso: Fleisch
minestra: Gemüseeintopf
mlijeko: Milch

N/O

na buzaru: gedünstet
na lešo: gekocht
na žaru: vom Rost, vom Grill

odojak: Ferkel
orada: Goldbrasse
orahovac: Walnusslikör
oslić: Seehecht
ovčji sir: Schafskäse

P

papar: Pfeffer
patka: Ente
pečeni krumpir: Bratkartoffeln
pelinkovac: Magenbitterlikör
perad: Geflügel
pile: Hühnchen
pivo: Bier
pošip: kroatischer Weißwein
povetica: Kuchen, eine Strudelart
povrče: Gemüse
prošek: Süßwein
pršut: Schinken
pljeskavica: gegrillte Bulette
prstači: Steinbohrermuschel
pura: Maisbrei, Polenta
purica: Truthahn

R

račiči: Garnelen
rak: Krebs
ražnjići: gemischte Fleischspieße
resanci: Nudeln
riba: Fisch
ribarski brudet: Fisch-Brodetto
riblja juha: Fischsuppe
riža: Reis

S

sir: Käse
skrpin: Drachenkopf
skuša: Makrele
sladoled: Eis
sljivovica: Pflaumenschnaps
smokva: Feige
sok: Saft
šunka: Schinken
svinjetina: Schweinefleisch

T/V/Z

teletina: Kalbfleisch
teran: lokaler Rotwein (trocken)
travarica: Kräuterlikör
vinjak: Weinbrand
voda: Wasser
zubatac: Zahnbrasse

Griechisch

A/B

arnáki: Lamm
achinósalata: Seeigel-Salat
astakós: Hummer
bakaljáros: gekochter Stockfisch
baklavás: Blätterteig mit Nüssen
bámjes: Okra-Schoten
barbúnia: Rotbarben
brisóla: Kotelett

C/D/E

chirinó: Schwein
choriátiki: Bauernsalat
dolmádes: mit Reis und Hackfleisch
   gefüllte Weinblätter
dsadsíki: Joghurt mit Gurke
eljés: Oliven

F/G/J

fassoláda: Bohnensuppe
fassólja: Bohnen
féta: weißer Schafkäse
gála: Milch
glóssa: Seezunge
jemistés: gefüllte Tomaten und
   Paprikaschoten

K

kafés: griechischer Kaffee
– *glikós:* süß
– *skéttos:* ungesüßt
– *metrios:* halbsüß
kalamarákja: Tintenfische
karpúsi: Wassermelone
kefalotíri: Hartkäse
keftédes: Hackfleischkugeln
kokkinistó: geschmort
kotópulo: Huhn
krassí: Wein
kréas: Fleisch

L/M

lachaniká: Gemüse
lachanosaláta: Krautsalat
laderá: Eintopf
manúri: Schafskäse
marídes: Sardellen
meli: Honig
melidsá nosaláta: kaltes Auberginenpüree
mesé: kalte und warme Vorspeisen

metallikó neró: Mineralwasser ohne
   Kohlensäure
mídja: Muscheln
mosschári: Kalb
moussakás: Auberginenauflauf mit
   Hackfleisch, Kartoffeln und einer
   Béchamel-Sauce

N/O/P

neró: Wasser
nescafé: Instant-Kaffee
– *frappé:* kalt
païdákja: Lammkoteletts
– *sháras:* gegrillte Lammkoteletts
pastítsio: Auflauf mit Nudeln
patátes: Kartoffeln
– *tiganités:* Pommes frites
pepóni: Honigmelone
piláfi: Reis
psári, psárja: Fisch, Fische
psitó: gebraten
psomi: Brot

R/S

rakí: Tresterschnaps
rénga: Hering
retsína: geharzter Wein
rísi: Reis
saganáki: gegrillter Schafkäse
saláta: Salat
saláta choriátiki: Bauernsalat
sáltsa: Soße
síka: Feigen
sikóti: Leber (immer durchgebraten)
simariká: Nudel- und Reisgerichte
skumbrí: Makrele
stafília: Weintrauben
stifádo: Gulasch aus Rind-/Hasen-
   fleisch mit Zwiebeln
sti chára: gegrillt
sudsukákja: Hackfleischwürstchen
   in Sauce
súpa awgolémono: Brühe mit Reis,
   Eiern und Zitrone
suwlákja: Schweinefleischspießchen

T/W

taramosaláta: Fischrogenpüree
tirjá: Käse
tirópites: Blätterteig mit Schafskäse-
   füllung
wodíno: Rind

Türkisch

A/B

Adana kebabı: Hackfleischspieß
Antep fıstığı: Pistazie
aşure: süßer Getreidepudding
badem: Mandel
baklava: Blätterteigkuchen mit Nüssen
balık: Fisch
beyaz peynir: Fetakäse
bezelye: Erbsen
börek: gefüllter Blätterteig
bonfile: Steak
buz: Eis, Eiswürfel

C

cacik: Joghurt mit Gurke
çay: Tee
Çerkes tavuğu: Hühnerfleisch in Walnusssauce
çiğ köfte: scharfe Fleischbällchen aus rohem Rindshack
ciğer: Leber
çoban salatası: gemischter Salat
çorba: Suppe

D/E

dana eti: Kalbfleisch
dolmalar: gefüllte Gemüse
domates: Tomaten
ekmek: Brot
Elbasan tavası: Lammfleisch mit Joghurtsauce überbacken
enginar: Artischocke
ezme: püriert, Gemüsepüree
ezo gelin: Linsensuppe

F/G/H

fasulye: Bohnen
fava: Bohnenpüree
gözleme: dünne, gefüllte Teigblätter
güveç: im Ofen geschmortes Gericht
hamsi: kleine Schwarzmeersardelle
helva: feste Nachspeise, sehr süß
humus: Kichererbsenpüree
hünkâr beğendi: Lammfleisch in Auberginen-Käse-Püree

I/K

iç pilav: Reis mit Leber
içli köfte: mit Lammfleisch gefüllte Weizenschrotbällchen

imam bayıldı: gefüllte Aubergine
kâğıt kebabı: Lammfleisch mit Gemüsen in eigenem Saft
kahve: Kaffee
kalkan: Steinbutt
karides: Krabben, Garnelen
karnıyarık: gefüllte Aubergine
karpuz: Wassermelone
kavun: Honigmelone
kazan dibi: Karamell-Milchspeise
kıyma: Hackfleisch
kızartma: gebratenes Gemüse
köfte: Fleischbällchen
kuzu eti: Lammfleisch

L/M

lahmacun: mit Fleischpaste bestrichene Brotfladen
levrek: Seebarsch
lokma: Teigkügelchen in Sirup
mantı: Teigtäschchen
midye dolması: gefüllte Muscheln
mücver: Zucchini-Küchlein

P

palamut: Tunfisch
patates: Kartoffeln
patlıcan: Aubergine
peynir: Käse
pilav: Gericht aus Reis, Weizenschrot
piliç: Hähnchen
pirzola: Lammkotelett

R/S

rakı: Anisschnaps
sakızlı muhallebi: Milchsüßigkeit
şiş kebap: Fleischstücke, am Spieß
su: Wasser
sucuk: würzige Wurst
süt: Milch
sütlaç: Milchreispudding

T/Y/Z

tarama: Fischrogencreme
tas kebap: Lammfleisch, gedünstet
tavuk: Huhn
yayla çorbası: Hühnersuppe mit Joghurt, gewürzt mit Pfefferminze
yufka ekmeği: dünne Teigfladen
yumurta: Ei
zeytin: Oliven
zeytinyağlılar: kalte Gemüsegerichte

Arabisch

A

aasha: Abendessen
ahwa: Kaffee
– *bil laban:* Kaffee mit Milch
– *masbut:* mittelsüßer Kaffee
aish balladi: Fladenbrot
atayef: mit Käse gefüllter Teig

B

basbousa: Honigkuchen
bahlawa: süßes Honiggebäck
bamia: Okraschotengemüse
babaghanoug: Auberginenpüree
barkun: Pflaume
basal: Zwiebel
batticha: Wassermelone
beed maslul: gekochtes Ei
bitingan: Auberginenscheiben
bortuan: Orange

C/D/E

chall: Essig
choch: Pfirsich
chodar: Gemüse
cossa: Gemüse, mit Hackfleisch gefüllt
dolma: Auberginen mit Reis und
  Fleisch gefüllt
einab: Weintraube
ere souz: Lakritzgetränk

F/G/H

fakha: Obst
farcha: Huhn
fassulja: weiße Bohnen
filafil: Gemüsefrikadelle
filfil: Pfeffer
foul: gekochter Pferdebohnenbrei
faraula: Erdbeeren
gibna: Käse
– *abiad:* weißer Schafkäse
– *roumi:* würziger Hartkäse
halawa: feines Gebäck mit Mandeln
hamam fi tagen: Täubchen im Ofen
hamam mahshi: mit Reis und Innereien gefülltes Täubchen
hummus: Kichererbsenpüree

K

kalauwi: gegrillte Innereien
karkadeh: Tee aus Malvenblüten
kawun: Zuckermelone

Kebab: am Spieß gegrilltes Hammel-
  oder Kalbfleisch
kibda: frittierte Leberstückchen
kommetra: Birne
konafa: in Öl gebackener Nudelteig
  mit Mandeln, Nüssen und Sirup
kofta: gegrillte Hackfleischröllchen
krees: Kirsche
kubba: Graupen mit Fleisch
kushari: Nudelgericht mit Reis,
  Linsen und Zwiebeln

L/M/N

laban: Milch
lachma: Fleisch
lubya: Erbsengericht
mahallabiya: Milchreispudding
Mahshi wara einab: Weinblätter
  mit Reisfüllung
maya: Wasser
mischmisch: Aprikose
molukhiyu: Gemüsesuppe
nebit: Wein

P/R/S

pandurah: Tomate
pasterma: geräuchertes Rindfleisch
patâtes: Kartoffeln
roa: Hackfleischauflauf aus dem Rohr
rosto: Braten
ruz bil chalta: brauner Reis mit Nüssen
sahlab: süße Milch mit Nüssen
salatet zebedi: Joghurt-Gurken-Salat
samaka: Fisch
– *makli:* panierter Fisch
– *mashwi:* gegrillter Fisch
schurba: Suppe
Semit: Brezel
shorba fasuliya: Bohnensuppe
– *firech:* Hühnersuppe
– *atz:* Linsensuppe
shawerma: Gyros auf Ägyptisch
shish tawuk: gegrilltes Huhn
sogoa: scharfe kleine Würstchen

T/W

tabulah: Tomaten-Petersilien-Salat
tamar: Datteln
tamaya: Gemüsefrikadelle
tahina: dicke Sesamsauce
tien: Feige
wara einab: Weinblätter, gefüllt

Nützliche Informationen und Serviceadressen

ANREISE
Mit dem Zug
Aus Deutschland, Österreich und der Schweiz bestehen zahlreiche Zugverbindungen mit den italienischen Einschiffungshäfen (ausführliche Informationen finden Sie im Internet unter www.bahn.de, www.oebb.at und www.sbb.ch). Viele Veranstalter bieten einen Kofferservice vom Bahnhof zum Schiff und zurück an.

Mit dem Pkw
In den italienischen Einschiffungshäfen gibt es bewachte Parkplätze und Parkhäuser. Reisebüros und Reedereien halten die notwendigen Informationen für Sie bereit, wenn Sie diese in Anspruch nehmen wollen.

Mit dem Flugzeug
Zu allen Einschiffungshäfen bestehen gute Flugverbindungen. Wenn man den Flug zusammen mit der Kreuzfahrt bucht, ist der Transfer zwischen Schiff und Airport meist im Preis inbegriffen.

AUSKUNFT
Ägyptisches Fremdenverkehrsamt
Kaiserstr. 64a, 60329 Frankfurt/Main;
Tel. 0 69/25 21 53; www.egypt.travel

Griechische Zentrale für Fremdenverkehr (EOT)
Neue Mainzer Str. 22, 60311 Frankfurt/Main; Tel. 0 69/2 57 82 70;
www.visitgreece.gr

Italienische Zentrale für Tourismus (ENIT)
Neue Mainzer Str. 26, 60311 Frankfurt/Main; Tel. 0 69/23 74 34; www.enit.de

Kroatische Zentrale für Tourismus
Kaiserstr. 23, 60311 Frankfurt/Main;
Tel. 0 69/2 38 53 50; http://de.croatia.hr

Fremdenverkehrsamt von Malta
Schillerstr. 30-40, 60313 Frankfurt/Main;
Tel. 069/28 58 90; www.visitmalta.com

Staatliches Türkisches Fremdenverkehrsamt
Baseler Str. 35–37, 60329 Frankfurt/Main; Tel. 0 69/23 30 81;
www.reiseinfo-tuerkei.de

Fremdenverkehrszentrale Zypern
Zeil 127, 60313 Frankfurt/Main;
Tel. 069/25 19 19; www.visitcyprus.com

BORDWÄHRUNG

Bordwährung bei allen Mittelmeer-Kreuzfahrten ist der Euro, auf manchen US-amerikanischen Schiffen auch der US-Dollar.

BUCHTIPPS

Alaa al-Aswanis: Der Jakubijan-Bau, Lenos 2007. Der Roman ist ein gelungenes Sittengemälde des modernen Ägypten, das dort zum Skandal-Bestseller wurde.

Klaus Bötig / Hans-Jürgen Gaudeck: Tage auf Kreta, hsb-Verlag 2007. In diesem ungewöhnlichen Buch gehen die zarten Aquarelle des Berliner Malers Hans-Jürgen Gaudeck eine harmonische Verbindung mit den Texten des ausgewiesenen Griechenlandkenners Klaus Bötig ein.

Lawrence Durrel: Schwarze Oliven. Korfu, Insel der Phäaken, Rowohlt 2005. Atmosphärisch dichte Beschreibung der Insel und der Zeit, wie der britische Autor sie in den 1930er-Jahren erlebte.

Lawrence Durrell: Leuchtende Orangen. Rhodos, Insel des Helios. Rowohlt 1968. Der Rhodos-Klassiker aus der Feder des britischen Romanciers, der seine Zeit auf der Insel in den späten 1940er-Jahren schildert.

Nikos Kazantzakis: Alexis Sorbas, Rowohlt 2005. Der Kultroman des großen kretischen Autors spielt in Piräus und vor allem auf Kreta. Mit Anthony Quinn in der Hauptrolle der gelungenen Verfilmung wurde Sorbas zur Sirtaki tanzenden Kultfigur.

Nagib Machfus: Die Kinder unseres Viertels, Unionsverlag 2006. Der Roman stammt aus der Feder des ägyptischen Nobelpreisträgers für Literatur, der bei seinem ersten Erscheinen 1959 heftige Irritationen auslöste und islamische Fundamentalisten ein Todesurteil über den Literaten aussprechen ließ.

Petros Markaris: Der Großaktionär. Ein Fall für Kostas Charitos, Diogenes 2007. Der neueste Krimi des griechischen Erfolgsautors spielt sowohl in Athen als auch auf einem Kreuzfahrtschiff. Spannend und humorvoll zugleich gewinnt man auch interessante Einblicke in neugriechisches Familienleben.

Dieter Richter: Neapel – Biografie einer Stadt, Wagenbach 2005. Der Autor zeichnet ein anschauliches Porträt des modernen Neapel.

Mark Twain: Reisen ums Mittelmeer (ausgewählt von Norbert Kohl), insel 1996. Vergnüglich zu lesende Schilderung seiner Reisen im Jahr 1867, die den Amerikaner u. a. nach Neapel, Rom, Istanbul, Athen und Kairo führten.

Orhan Pamuk: Istanbul. Erinnerungen an eine Stadt, Fischer 2008. In einer faszinierenden Liebeserklärung verknüpft der türkische Nobelpreisträger für Literatur die Erinnerungen an seine Familie mit der Geschichte der Stadt am Bosporus.

Johann Strutz (Hg.): Europa erlesen. Dalmatien, Wieser 1998. Eine Sammlung von 60 Erzählungen und Reportagen über die kroatische Region Dalmatien. Schöne Beschreibungen von Menschen, Landschaften und Städten.

Antonio Tabucchi: Der Rand des Horizonts, dtv 1997. Auf der Suche nach der Identität eines Toten irrt in diesem Roman ein gescheiterter Medizinstudent durch die Altstadt der italienischen Hafenstadt Genua.

BUCHUNGSADRESSEN

Deutschland
AIDA Cruises
Am Strande 3d, 18055 Rostock;
Tel. 03 81/20 27 07 22; www.aida.de

Costa Kreuzfahrten
Frankfurter Str. 233/Haus C, 63263 Neu-Isenburg; Tel. 0 18 05/26 78 25;
www.costakreuzfahrten.de

Deilmann Reederei
Am Holm, 25, 23730 Neustadt/
Holstein; Tel. 0 45 61/39 60;
www.deilmann-kreuzfahrten.de

DERTOUR
Emil-von-Behring-Str. 6, 60349 Frank-
furt/Main; Tel. 069/95 88 00;
www.dertour.de

Hansa Kreuzfahrten
Contrescarpe 36, 28203 Bremen;
Tel. 04 21/3 34 66 78;
www.hansakreuzfahrten.de

Hapag-Lloyd Kreuzfahrten
Ballindamm 25, 20095 Hamburg;
Tel. 040/30 01 46 00; www.hlkf.de
(Buchung nur über Reisebüro)

MSC Kreuzfahrten
Neumarkter Str. 63, 81673 München;
Tel. 089/8 56 35 50;
www.msc-kreuzfahrten.de

Norwegian Cruise Lines (NCL)
Kreuzberger Ring 68, 65205 Wiesbaden;
Tel. 0 18 05/62 55 26; www.ncl.de

Phoenix Reisen
Pfälzer Str. 14, 53111 Bonn;
Tel. 02 28/9 26 00;
www.phoenixreisen.de

Royal Carribean
Lyoner Str. 20, 60528 Frankfurt/Main;
Tel. 0 18 05/05 03 47;
www.royalcaribbean.de

Sea Cloud Cruises
Ballindamm 17, 20095 Hamburg;
Tel. 0 40/30 95 92 50; www.seacloud.de

Transocean Tours
Stavendamm 22, 28195 Bremen;
Tel. 04 21/3 33 61 81;
www.transocean.de

TUI Cruises
Anckelmannsplatz 1, 20537 Hamburg;
Tel. 0 40/2 86 67 70; www.tuicruises.com

Variety Cruises
Leoforos Syngrou 214, Athen;
Tel. 00 30/21 06 91 91 91;
www.varietycruises.com

Österreich
Seetour Austria
Dresdner Str. 81-85, 1200 Wien;
Tel. 00 43/1/5 88 00 96 10;
www.seetour-austria.at

Wechselkurse
Ägypten Stand: Januar 2009

EGP	Euro	Franken
1	0,14	0,22
5	0,72	1,1
10	1,44	2,21
30	4,32	6,63
50	7,21	11,05
100	14,42	22,11
250	36,06	55,28
500	72,13	110,56
750	108,2	165,84
1000	144,27	221,12

Wechselkurse
Kroatien Stand: Januar 2009

HRK	Euro	Franken
1	0,14	0,21
5	0,7	1,07
10	1,4	2,14
30	4,2	6,44
50	7,01	10,74
100	14,02	21,49
250	35,05	53,73
500	70,11	107,46
750	105,17	161,2
1000	140,23	214,95

Schweiz
Thurgau Travel
Rathausstr. 5, 8570 Weinfelden;
Tel. 08 00 62 65 50;
www.thurgautravel.ch

Fernsehen

Die internationalen Fernsehprogramme werden auf den Kreuzfahrtschiffen über Satellit empfangen. Auf vielen Schiffen gibt es auch ein (interaktives) Bordfernsehen, oft können Filme auf DVD gegen Gebühr ausgeliehen werden.

Geldwechsel

Griechenland, Italien, Malta und Zypern sind Euro-Länder. Auch in den Hafenstädten und den Ausflugszielen der anderen Anrainer des östlichen Meers wird der Euro von den meisten Geschäften gern akzeptiert. Wer lieber einheimische Landeswährung in der Tasche hat, findet jedoch auch in allen Häfen Wechselstuben und Bargeldautomaten. In größeren Geschäften kann zudem überall mit Kreditkarte bezahlt werden.

Gesundheitsvorschriften

Es sind keine besonderen Impfungen vorgeschrieben.

Internet

Auf den meisten Schiffen gibt es Internet-Ecken, auf einigen sogar Internetzugang über WLAN für den eigenen Laptop. In den meisten Hafenstädten sind zudem Internet-Cafés zu finden. Informationen über die Gastländer findet man im Internet auf den Webseiten der Fremdenverkehrsämter (→ Auskunft, S. 128). Auch einige der Anlaufhäfen werden im Internet gut präsentiert:
Civitavecchia/Rom:
www.cityofrome.net
Genua:
www.regione.liguria.it
Heraklion/Kreta:
www.iraklio.gr
Istanbul:
www.istanbul.net.tr
www.icvb.org
Korfu:
www.kerkyra.gr
Malta:
www.heritagemalta.org
Mykonos:
www.mykonos.gr
Neapel:
www.portanapoli.com
Rhodos:
www.rodos.gr
Santorin:
www.santorini.gr
Split:
www.dalmatia.hr
Triest:
www.trieste.ports-guides.com
Venedig:
www.turismovenezia.it

Kreuzfahrt-ABC

Achtern – Hinterer Teil des Schiffes (auch Heck genannt).
Auslaufen – Verlassen des Hafens.
Ausschiffen – Verlassen des Schiffes am Ende der Reise.
Außenkabinen – Diese Kabinen haben ein Fenster oder eigenen Balkon.

Wechselkurse

Türkei Stand: Januar 2009

TRY	Euro	Franken
1	0,49	0,76
5	2,48	3,8
10	4,96	7,61
30	14,83	22,84
50	27,83	38,06
100	49,67	76,13
250	124,18	190,34
500	248,37	380,68
750	372,56	571,02
1000	496,75	761,37

Backbord – Linke Seite des Schiffes in Fahrtrichtung gesehen.
Brücke – Kommandozentrale und Arbeitsplatz des Kapitäns.
Bug – Vorderer Teil des Schiffes.
Bullauge – Rundes Fenster.
Bunker – Treibstofflager des Schiffes.

Cabin Steward – Zimmerkellner, Kabinenbedienung.
Chefingenieur – Ranghöchster Techniker an Bord eines Schiffes.
Cruise Director (Kreuzfahrtdirektor) – Er organisiert das gesamte Ausflugs- und Unterhaltungsprogramm.

Deck – Etage/Stockwerk eines Schiffs.
Dock – Anlegestelle des Schiffes (auch Pier oder Kai genannt).

Early Bird – Frühstück für Frühaufsteher.
Einschiffen – An Bord gehen zu Beginn einer Reise.

Faden – Längenmaß der Nautik, 1 Faden entspricht 1,82 m.
Farben – Nationalflagge des Schiffs.
Flaggenstock – Fahnenmast im Heck.
Flaggschiff – Das größte Schiff und meist auch das wichtigste und neueste Schiff einer Reederei.
Fleet – Flotte, Schiffsbestand.
Fly-Cruise – Kombination von Kreuzfahrt und Flügen ab/bis Wohnort.
Freestyle Cruising – Sogenannte »Neuordnung« in den Bordrestaurants, d.h. keine Kleidervorschriften oder feste Essenszeiten.
Freihafen – Hafen ohne Zölle.

Gangspill – Vorrichtung zum Heben des Ankers.
Gangway – Treppe, Steg als Zugang zum Schiff.
Garantie – Ein besonders attraktives Angebot: Anstelle einer Kabinennummer bekommt man die Garantie für eine Kabinenkategorie, meist erhält man die höhere Kategorie ohne Zuzahlung.
Gieren – Vom Kurs abkommen.

Hochfrequenzradio – Funkanlage für Kontakt zu Schiffen oder Lotsen.
Heck – Hinterer Teil des Schiffes (auch Achtern genannt).

Jungfernfahrt – Die erste Reise eines Schiffes mit Passagieren.

Kabellänge – Längenmaß (=100 Faden, 182,8 m).
Kapitän – Oberster Chef des Schiffes, trägt die Gesamtverantwortung für Mannschaft und Passagiere.
Kategorie – Ähnlich dem Sternesystem bei Hotels wird das Schiff in ein bestimmtes Niveau eingestuft.
Kiel – Von vorne bis hinten durchgehender Bauteil eines Schiffes.
Kielwasser – Wasserspur eines fahrenden Schiffes.
Knoten – Einheit zur Geschwindigkeitsmessung eines Schiffs. Ein Knoten entspricht einer Seemeile.
Koje – Schlafstelle im Schiff.
Kombüse – Schiffsküche (auch Galley genannt).
Kurs – Fahrtrichtung in Grad.
Kursschreiber – Gerät für die Aufzeichnung aller Kursänderungen.

Lee – Dem Wind abgewandte Seite.
Löschen – Entladen eines Schiffs.
Lotse – Führer durch schwierige Gewässer.
Luv – Dem Wind zugewandte Seite.

Main Sitting – Erster Durchgang im Speisesaal.
Manifest – Verzeichnis über Passagiere, Mannschaft und Ladung.
Messe – Salon, Essraum auf größeren Schiffen.
Mittschiffs – Zentrale Zone zwischen Bug und Heck.
MS – Abkürzung für Motorschiff.

Niedergang – Treppe im Innenbereich.

Peilruderanzeige – Anzeige für die Ruderstellung in Grad.
Peilung – Richtung eines Ziels/Objekts in Grad.

Plimmsoll-Markierung – Marke an der Bordwand für Maximalladung.

Port Taxes – Hafentaxen. Gebühren, die die Reedereien für die Hafenbenützung entrichten müssen.

Purser – Verantwortlicher auf dem Schiff für Finanzen, Infrastruktur, Crew und Behörden.

Querab – Seitlich des Schiffes.

Radiopeilgerät – Gerät für die Bestimmung der eigenen Position.

Reede – Kann ein Schiff den Zielhafen nicht direkt anfahren, liegt es ein Stück vor der Küste auf Reede.

Reling – oberster Teil der Bordwand eines Schiffes.

Repeater – Kunden, die mehr als einmal bei der gleichen Reederei gebucht haben.

Rückströmung – Wasserbewegung durch Schrauben bei Rückwärtsfahrt.

Ruder – Steuerung des Schiffes.

Rumpf – Schiffskörper ohne Aufbauten.

Schlingern – Seitliches Schaukeln.

Schott – Wasserdichte Trennwand zwischen den Rumpfkammern.

Schraube – Propeller für den Antrieb.

Second Sitting – Zweiter Durchgang im Speisesaal.

Seekarten – Karten für die Navigation.

Seegang – Durch Wind verursachte Bewegung des Wassers.

Seemeile – Nautisches Längenmaß, eine Seemeile entspricht 1,852 m.

Sextant – Gerät zur Standortbestimmung.

Single Use – Kabinen zur Alleinbenützung. Wegen fehlenden Einzelkabinen oft Zuschläge bis 100 %.

Stabilisator – Einrichtung, die das Schwanken des Schiffes verhindert.

Staff-Kapitän – Stellvertretender Kapitän.

Stampfen – Schaukeln des Schiffes in Längsrichtung.

Stapellauf – Das Zuwasserlassen eines Schiffs nach der Schiffstaufe.

Steuerbord – Rechte Schiffsseite.

Tendern – Übersetzen an Land, wenn das Schiff auf Reede liegt.

Tiefenmesser – Einrichtung für die Ermittlung der Wassertiefe.

Tiefgang – Maß von der Wasseroberfläche zum tiefsten Punkt.

Tips – Trinkgelder an Bord. Bei vielen Kreuzfahrten im Preis enthalten.

Topp – Mastspitze.

Untiefe – Flache Wasserstelle.

Verholen – das Bewegen eines Wasserfahrzeugs über einen kurzen Weg ohne eigenen Antrieb.

Vorsteven – Vorderster Schiffsteil.

Wache – Dienstzeit.

Wasserlinie – Höhe der Wasserfläche am Schiffsrumpf.

KRIMINALITÄT

Wie überall auf der Welt muss man sich auch in den Ländern am östlichen Mittelmeer bei größeren Menschenansammlungen vor Taschendieben in Acht nehmen. Italien ist in dieser Hinsicht das gefährlichste Pflaster. Terroranschläge wurden in der Vergangenheit in Ägypten und Istanbul durchgeführt – man beachte die Reisehinweise des Auswärtigen Amtes (www.auswaertiges-amt.de).

MEDIZINISCHE VERSORGUNG

Viele Schiffe verfügen über eine eigene Krankenstation mit ausgebildetem Fachpersonal und Arzt sowie über eine Apotheke. An Bord erbrachte Leistungen müssen privat bezahlt werden.

Sozialversicherungsabkommen, die eine kostenfreie Behandlung von EU-Bürgern bei Vertragsärzten der jeweiligen Krankenkassen vorsehen, gibt es zwar mit Griechenland, Italien, Kroatien, Malta und der Türkei, doch auch dort bezahlt man den Arzt an Land besser in bar und lässt sich die Kosten durch eine vorher abgeschlossene Auslandskrankenversicherung ersetzen.

REISEZEIT

Die besten Reisemonate für Kreuzfahrten im östlichen Mittelmeer sind Mai, Juni, September und Oktober. Im Hochsommer kann es an Land sehr heiß werden, zwischen November und April ist außer in Ägypten immer mit Regentagen zu rechnen.

SCHLÜSSELKARTEN

Die Bordkarte ist meist auch Schlüssel- und Bordkreditkarte. Beim An-Bord-Gehen ist sie immer zur Legitimation vorzulegen.

TAGESPROGRAMM

Das Bordprogramm für den nächsten Tag wird jeweils am Vorabend auf die Kabinen verteilt. Hier stehen – ganz wichtig – die Liegezeiten in den Häfen.

TELEFON

Von der Kabine aus zu telefonieren ist meist sehr teuer. In Küstennähe kann man zu den normalen Roaming-Tarifen seines Providers mit dem Mobiltelefon telefonieren. Auf einigen Schiffen ist mobiles Telefonieren auch auf hoher See möglich. Auf der AIDA beispielsweise kostet ein solcher Anruf nach Europa 2,80 €/Min., eine SMS wird mit 0,90 € berechnet. Die Abrechnung erfolgt über den Provider des Telefonierenden, der u.U. eine zusätzliche Servicegebühr erhebt.

Ländervorwahlen
Ägypten 00 20
Griechenland 00 30
Italien 00 39
Kroatien 00 385
Malta 00 356
Türkei 00 90
Zypern 00 357

Deutschland 00 49
Österreich 00 43
Schweiz 00 41

TRINKGELDER

Die meisten Reedereien rechnen pauschal über die Bordkreditkarte pro Tag einen bestimmten Betrag als Trinkgeld ab. Auf einigen Schiffen ist das Trinkgeld bereits vollständig im Reisepreis inbegriffen.

TRINKWASSER

Das Wasser an Bord hat zwar Trinkwasserqualität, ist geschmacklich aber nicht immer bestens.

WÄSCHE

Wie jedes große Hotel bieten auch die Kreuzfahrtschiffe einen Wäschereiservice an.

ZEITVERSCHIEBUNG

In Italien, Malta und Kroatien gilt mitteleuropäische Zeit (MEZ). Griechenland, Türkei und Zypern hat osteuropäische Zeit (OEZ), es ist im Vergleich zur MEZ eine Stunde später. Das gleiche gilt für Ägypten, wo allerdings die Umstellung von Winter- auf Sommerzeit und umgekehrt nicht immer an den gleichen Terminen wie in der mitteleuropäischen Zeitzone erfolgt.

ZOLL

In der EU gekaufte Waren, die für den persönlichen Gebrauch bestimmt sind, dürfen in alle EU-Länder zollfrei eingeführt werden. Für Tabakwaren und Spirituosen gelten sogenannte Indikationsmengen: pro Person ab 17 Jahren 800 Zigaretten, 90 l Wein, 10 l Spirituosen.

Für Einfuhren aus Ägypten und der Türkei sowie für zollfrei an Bord gekaufte Waren gelten andere Obergrenzen. Hier liegen sie bei 200 Zigaretten, 2 l Wein und 1 l Spirituosen. Die Mitbringsel aus Ägypten und der Türkei dürfen einen Wert von 430 € pro Person nicht überschreiten. Gänzlich verboten ist die Einfuhr von Produkten, die unter das Washingtoner Artenschutzabkommen fallen. Dazu gehören auch Korallen jeder Art und getrocknete Seepferdchen.

Weitere Auskünfte erhalten Sie unter www.zoll.de, ww.bmf.gv.at/zoll und www.zoll.ch.

Kartenatlas

Orientierung leicht gemacht: mit Planquadraten und allen Orten und Sehenswürdigkeiten.

Legende

Sehenswürdigkeiten

Symbol	Bezeichnung
10	MERIAN-TopTen
10	MERIAN-Tipp
	Sehenswürdigkeit, öffentl. Gebäude
	Schloss, Burg
	Kirche
	Kirchenruine
	Moschee
	Synagoge
	Museum
	Denkmal

Verkehr

Symbol	Bezeichnung
	Autobahn
	Autobahnähnliche Straße
	Fernverkehrsstraße
	Hauptstraße
	Nebenstraße
	Sonstige Straßen
	Fußgängerzone
P	Parkmöglichkeit
B	Busbahnhof
	Schiffsanleger
	Flughäfen

Sonstiges

Symbol	Bezeichnung
i	Information
	Theater
	Markt
	Botschaft, Konsulat
	Zoo
† † †	Friedhof

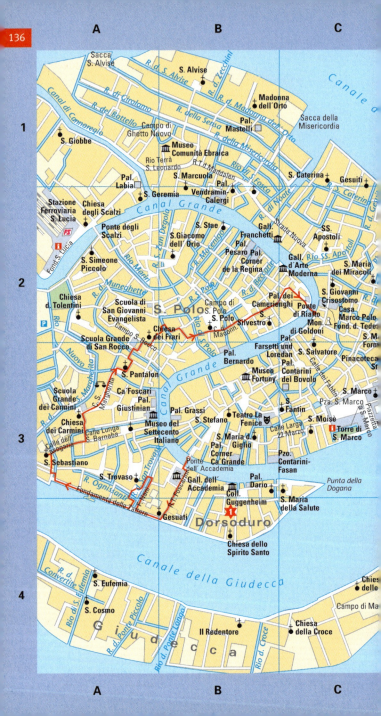

Venedig (Venezia)

Museo del Vetro, Murano

S. Michele

Cimitero S. Michele

San Michele

S. Giovanni
Paolo

numento
olloni

S. Francesco
d. Vigna

Campo
Sportivo

Bacini di
Carenaggio

R. d. S. Giovanni

S. Lorenzo
Martire

Scuola di San
Giorgio degli
Schiavoni

Museo Dipinti
acri Bizantini

S. Antonino

Darsena di Canale
Arsenale d. Galeazze

Darsena
Grande

ccaria

S. Giorgio
dei Greci

S. Giovanni
in Bragora

R. d. S. Daniele

S. Pietro
di Castello

degli

S. M.
della
Pietà

Schiavoni

Ca di Dio

R. d. Arsenale

R. S.
Biagio

Museo Storico
Navale

Via Garibaldi

Rio della Tana

S. Anna

Canale di S. Pietro

S. Pietro

Rio di Quintavalle

Bacino di S. Marco

Riva dei Sette Martiri

Giardini della
Biennale

Monumento
a Garibaldi

S. Elena

S. Giorgio
Maggiore

Bacino

S. Giorgio
Maggiore

Fondazione
Cini

S. Giuseppe

Giardini
Pubblici

Biennale Int.
d'Arte

Rio dei Giardini

Teatro
Verde

Parco
delle
Rimembranze

Rio di S. Elena

d. S. Giorgio

0   450 m

© MERIAN-Kartographie

D   E   F

D   E

Triest (Trieste)

A   **B**   **C**

1

2

3

4

Porto Vecchio

Molo III

G o l f o   d i

T r i e s t e

Porto

Igoumenitsa, Pátra

Doganale

M

Capi

Bacino S. Giusto

Molo dei Bersaglieri

Palazzo dei Congressi, Stazione Marittima

N. Sauro

Riva N. Sauro

Riva Mand

Pal. Lloyd Triesti

Grand H. Duchi d'Ac

Bacino S. Marco

Molo Pescheria

Riva A. Diaz

Via Cadorna

Piazz Cavar

Lanterna

Molo Fratelli Bandiera

Molo Venezia

Aquario Marino

Museo Revoltella

Ai Fiori

Bas Paleocrist

Lido

Porto Turistico Sacchetta

Piscina Coperta

Pza. Venezia Via Torino

A. Hortis

Pza.

† +

Museo di Storia Nat.

Stazione Campo Marzio

Riva T. Gulli

Riva Grumula

Museo Sartorio

Largo Papa Giovanni XXIII

Riva Traiana

Museo Campo Marzio

Via G. Cesare

Via Ottaviano Augusto

Via Cadorna

Università

Via dell'Università

Armata

Museo del Mare

Marzio

Via G. Reni

Via   Campo

Salita al Promontorio

Belpoggio

Via Bonafata

Via della III

Via G. Marzio

Via Tigor

G. Murat

Via Hermet

Piazza C. Alberto

Via S. Giustina

Franca

Via Belloguardo

Via C. Combi

Via E. d

Viale R. Gessi

Via Giovanni Tagliapietra

Via

Via

Via

Passeggio di S. Andrea

Viale R. Gessi

Via V. Bottego

Via Carli

Vittorio

Locchi

Via Colautt

Via C. L.

Piazza Rosmi

A   **B**   **C**

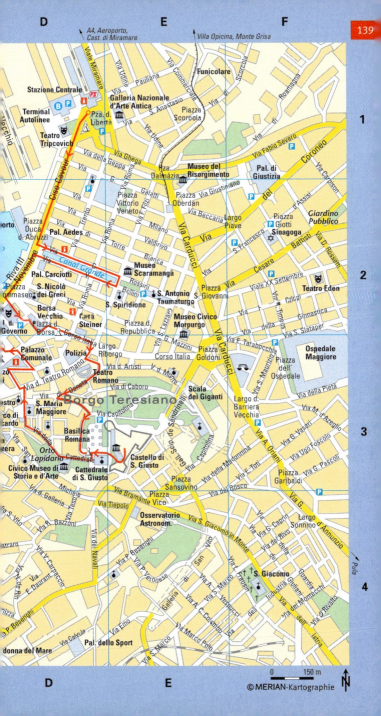

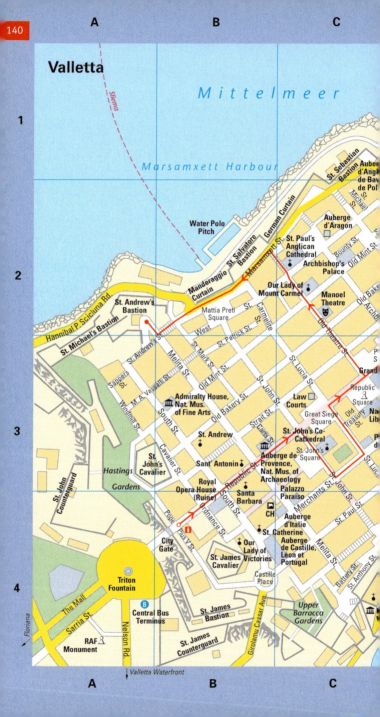

Valletta

Mittelmeer

Marsamxett Harbour

Sliema

Water Polo
Pitch

St. Sebastian
Bastion

Auber
d'Ang
de Ba
de Pol

St. Salvatore
Bastion

German Curtain

Auberge
d'Aragon

Michael
Bounty St.
Old Mint St.

St. Paul's
Anglican
Cathedral

Archbishop's
Palace

Manderaggio
Curtain

Marsamxett St.

Our Lady of
Mount Carmel

Manoel
Theatre

Old Bake
Old Arch

St. Andrew's
Bastion

Mattia Preti
Square

Carmelite
St.

Old Theatre St.

Hannibal P. Scicluna Rd.

West St.

St. Patrick St.

St. Lucia St.

P
S

St. Michael's Bastion

St. Andrew's St.

St. Mark St.

St. John St.

Gran

Melita St.

Old Mint St.

Republic
S
Square

M. A. Vassalli St.

Old Bakery St.

Strait St.

Na
Lib

Sappers
St.

Admiralty House,
Nat. Mus.
of Fine Arts

Great Siege
Square

Old
Treasury
St.

Windmill St.

South St.

St. Andrew

Law
Courts

St. John's Co-
Cathedral

St. John's
Square

P
d

Hastings

Cavalier St.

St.
John's
Cavalier

Sant' Antonin

Auberge de
Provence,
Nat. Mus. of
Archaeology

Merchants St.

St. Lucia

St. John

Gardens

Republic St.

Santa
Barbara

Palazzo
Paraiso

St. Paul St.

St. John
Counterguard

Royal
Opera House
(Ruine)

South St.

Ordnance St.

CH

Auberge
d'Italie

Melita St.

Pope Pius V St.

City
Gate

St. Catherine

Auberge
de Castille,
Leon et
Portugal

Battery St.

St. Anthony St.

Our Lady of
Victories

St. James
Cavalier

Castille
Place

Triton
Fountain

The Mall

Central Bus
Terminus

St. James
Bastion

Upper
Barracca
Gardens

Floriana

Sarria St.

Nelson Rd.

Girolamu Cassar Ave.

RAF
Monument

St. James
Counterguard

Valletta Waterfront

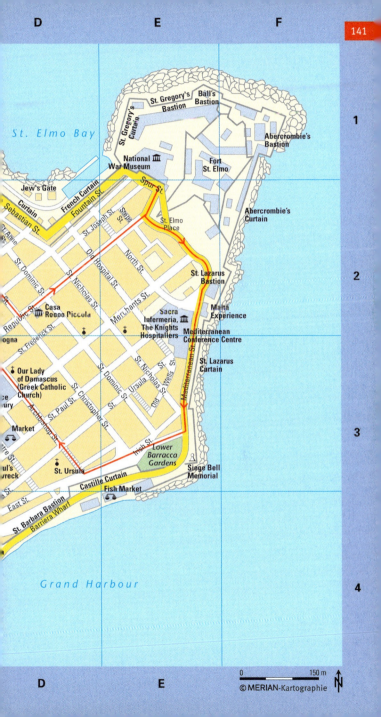

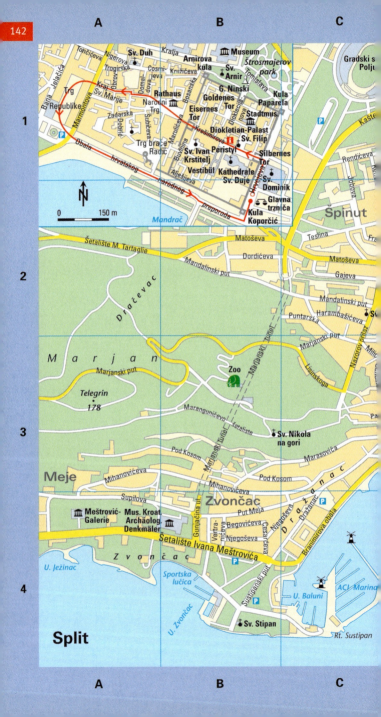

Split

D   **E**   **F**

Park mladeži

Stadion Split

Flughafen,
Zadar, Dubrovnik

Put Brodarice

Dubrovačka

Hrvatske mornarice

Hrvatske mornarice

Domovinskog rata

Tršćanska

Put Plokita

1

Slalice

Put Skalica

Tabla

Sukojišan

Starčevićeva

Trg Hrvatske
bratske zajednice

Sv. Obitelj

Tršćanska

Smiljanićeva

Put Plokita

Lučićeva

Lovretska

Park
Emanuela
Vidovića

Lovret

Gundulićeva

Gundulićeva

Domovinskog rata

Mažuranićevo šetalište

Goričica

Tolstojeva

Hrv. iseljenika

Ulica slobode

Bol

Zrinsko-Frankopanska

Starčevićeva

Kavanjinova

Manderova

Mikačeva

Bihaćka

Put Plokita

Tršćanska

2

Dobri

Svačićeva

Kninska

Slavićeva

Višeka

Livanjska

Vukovarska

Mašihnovićeva

Kratamanićeva

Stari
plac

Inakulata

Manuš

Rijetka

Pijetka

Istarska

Relikovićeva

Račkog

Gospe od
zdravlja

Sinjska

Budakova

Kneza Višeslava

Gripe

Varoš

Museum

Kralja Tomislava

Zagrebačka

Tolstojeva

Držićeva

Sv. Roko

Glagoljaška

Fort Gripe

Sv. Ante

Sv. Križ

Bana Jelačića

Matošića

Marmontova

Grad

Hrvojeva

Glagoljaška

Kneza Mislava

Vrzov dolac

Banova

Mihovila Pavlinovića

Diokletian-Palast

Zagrebačka

Rokova ulica

Mosorska

v. Frane

Kathedrale
Sv. Duje

Sv.
Dominik

Radunica

Lučac

Vrh Lučac

Ulica slobode

Palmotićeva

Luka

Obala hrvatskog narodnog preporoda

Glavna
tržnica

Kralja Zvonimira

Karte siehe
oben links

Obala

Lazareta

Petrova

Poljiašana

Sv. Klara

3

Obala Kneza

Klarina

Biljankinićeva

Šetalište Bačvice

Višeka

Gradska luka

Bahnhof

Bačvice

Bregovita

Gupčeva

Bukovčeva

Domagoja

Jadrolinija

Bregovita

Jadranska

Pregradišćevo šetalište

Nazoro-
vićeva

Trajektna luka

Obala Kneza

Domagoja

Park
pomoraca

Rt. Kavale

4

0   150 m

© MERIAN-Kartographie

N

D   **E**

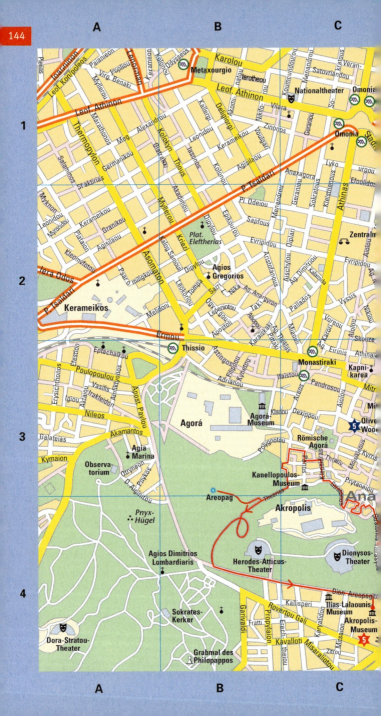

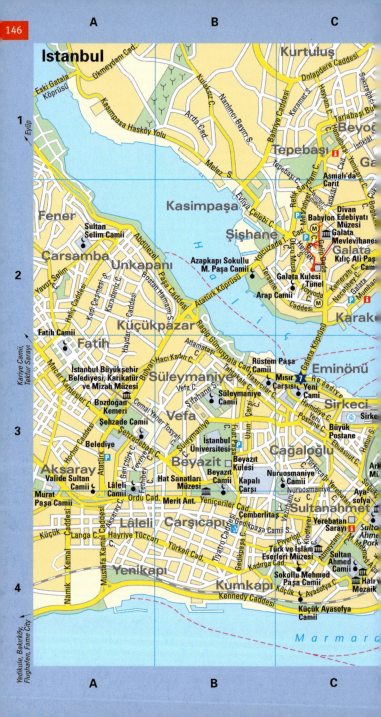

D · E · F

*Sariyer, Deniz Parkı
Sabancı Üniversitesi
Sakıp Sabancı Müzesi*

Taksim
Parkı
Taksim
Atatürk Kültür
Merkezi
Taksim
Meydanı
İnönü
Stadyumu
Dolmabahçe C.
Resim ve
Heykel Müzesi
Beşiktaş
Dolmabahçe
Sarayı

Dolmabahçe

Roxy
Dt. Krankenhaus
Changa

Kabataş

Cihangir

Meclisi Mebusan Caddesi

Tophané

Boğaziçi

Mihrimah Camii
Üsküdar

Yeni Valide
Camii
Hakimiyet. Milliye
Uncular

Şemsipaşa

Ayazma Camii

Kız Kulesi
Salacak

Doğancılar Caddesi

Halk Cad desi

Tunus Bağı Cad.

Üsküdar Harem Sahil Yolu

Atik Valide Camii

Tıbbiye

Topkapı Sarayı

Harem

Selimiye
Camii

Selimiye Kışlası

Selimiye

Müzesi

Denizi

Büyükada, Bostancı

Reşat Paşa Fenğği

*Anadolu Hisarı,
Hidiv Kasrı*

0 ——— 0,9 km

© MERIAN-Kartographie

N

1

2

3

4

Kairo

Zamalek

Midan Sphinx
Shari 26. Julyu
Ägyptischer National-zirkus

St. Joseph

Shari 26. Julyu

Bulaq

Shari Shahana

Shari Shahana

Sh. al-Mabruki

Shari Abdul Moneim Riyad

Shari el-Nil

Nile Aquarium

Sh. Hassan Sabri

Marriott

Bridge of 26. July

Shari el-Gezira

Shari 26. Julyu

Nas

D

Agouza

El-Bahr el-Ama

Nile

Corniche el-Nil

Shari el-Gala

Shari

E

Landwirtschafts-museum

Shari Mathaf el-Zira'i

Bridge of 6. October

Gardens

Cairo Tower

Shari

10

Ägyptische National-museum

Baumwoll-museum

Gezira

Nile Hilton

Nile Hilton

Midan et-Tahrir

B

Shari Siliman Gohar

Museum für Moderne Kunst

Cairo Exhibition Grounds

Opera

Et-Tahrir

Et-Tahrir Bridge

Sadat M

Amer Univ

Shari el-Dokki

Shari el-Nil

Shari et-Tahrir

Midan Kubri el-Galaa

Shari et-Tahrir

Semiramis Intercontinental

Parlament

Shari el-Kasr el-Aini

M

Sa

Mukhtar-Museum

Garden

Cairo Sheraton

City

Shari Harun

Shari el-Giza

Shari el-Nil

Nile Fountain

Dokki

Shari el-Misah

Shari Sarwat

Bot. Gardens

Shari el-Gamia

El-Gamia Bridge

Manial-Palast, Museum

Sh. Ali Basha

El-S Zein M

Cairo University

Zoo

A

Shari el-Sadd el-Barrani

Entemologisches und Ornithologisches Museum

Geziret

Shari Murat Bey

Shari el-Giza

Shari el-Nil

Shari el-Manial

Shari Abdul Aziz as-Saud

Sayalet el-Roda

Corniche el-Nil

Shari el-Sadd el-Barrani

Shari Magra el-

Cairo University

Gamia el-Dahira

Shari Abu Seyfine

Nile (Nil)

el-Roda

Koptisches Museum

9

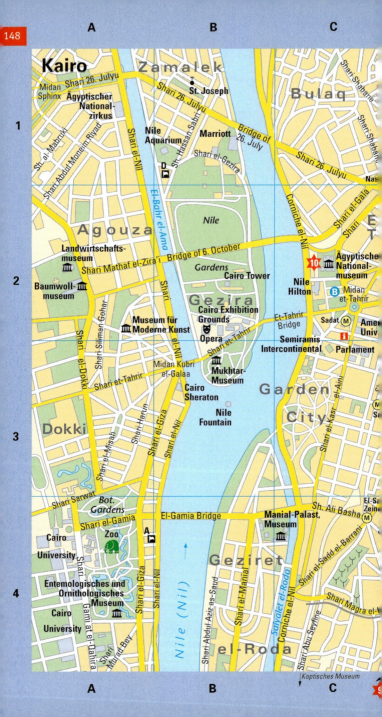

D · E · F

Ghamra

Main Station
Ramses II
el-Zahir

Mubarak
Ramses
Midan
Ramses
Shari Port Said
Sultan-Baibar-
Moschee

Victoria
Orabi
Gumhuriya
Shari Kamil Sidqi Pasha

**Bab
el-Shariya**

Heliopolis,
Ismailiya

Int. Airport,
Suez, Heliopolis

l-Ezbekiya
El-Muski
Shari el-Gheish
Bab el-Futuh
El-Hakim-
Moschee
Alte Stadtmauer

1

ri 26. Julyu
Ezbekiya
Gardens
Midan
Opera
Midan
el-Ataba
el-Khadra
Qalaun-
Mausoleum
Al-Akmar-
Moschee

Sh. Adly

kiya
el-Nil
Midan
el-Khadra
Shari
Shari Port Said
El-Gama Liya

Shari
Shari Abdel-Aziz
Shari el-Qala
Khan el-Khalili-
Bazar
el-Azhar
9 Café
Al-Hussein-
Moschee

2

hari el-Bustah
Museum für
Islamische Kunst
Café
Fishawi
Al-Azhar-
Universität

Midan
el-Gumhuriya
Gumhuriya-
Theater
El-Muayyad-
Moschee
El-Guri-
Moschee
Al-Azhar-
Moschee

Mamlukengräber

i · Sheikh
Rihan
**Bab el-
Khalq**

Abdin
**El-Darb
el-Ahmar**
Alte Stadtmauer
Salah Salem Avenue

3

Aq-Sunqur-
Moschee

Sultan-
Hassan-
Moschee
Er-Riffa'i-
Moschee

Saiyida-
Zeinab-
Moschee
Shari Port Said
Midan
Salah el-Din
Bab el-Azab
Zitadelle
Militärmuseum

Ibn-Tulun-
Moschee
Gayer-
Anderson-
Museum
Mohammed-
Ali Moschee
Sultan-El-
Nasir-
Moschee

l-Saiyida
Zeinab
Gawhara-
Palast
Salah Salem Avenue

Zeinhom
Gardens
Mamluken-
gräber
Fort
Moham-
med Ali

**Tilul
Zeinhom**
El-Khalifa
Guyushi-
Moschee

4

Aquädukt (Ruine)

ria,
en von Giza
arkt

0   900 m

© MERIAN-Kartographie

N

D · E

Hier finden Sie alphabetisch aufgeführt alle in diesem Band beschriebenen Orte und Ziele. Bei einzelnen Sehenswürdigkeiten steht jeweils der dazugehörige Ort in Klammern, bei Restaurants steht zusätzlich die Abkürzung R für Restaurant. Außerdem enthält das Register wichtige Stichworte sowie alle MERIAN-TopTen und MERIAN-Tipps dieses Reiseführers. Wird ein Begriff mehrfach aufgeführt, verweist die **fett gedruckte** Zahl auf die Hauptnennung im Band, eine *kursive* Zahl verweist auf ein Foto.

Liebe Leserinnen und Leser,
wir freuen uns, Ihre Meinung zu diesem Reiseführer zu erfahren. Bitte schreiben Sie uns, wenn Sie Berichtigungen und Ergänzungsvorschläge haben oder wenn Ihnen etwas besonders gut gefällt:

TRAVEL HOUSE MEDIA GmbH, Postfach 86 03 66, 81630 München
E-Mail: merian-live@travel-house-media.de, Internet: www.merian.de

DER AUTOR
Klaus Bötig ist Reisejournalist und hat sich auf Griechenland und Zypern spezialisiert. Er ist dort jährlich etwa sechs Monate unterwegs und hat mehr als 50 Bücher über alle Landesteile geschrieben. Sein deutscher Wohnsitz ist Bremen.

Mit Beiträgen von Wolftraud de Concini, Konrad Dittrich, Eva Gründel, Ellen Jaeckel, Harald Klöcker, Christoph Neumann, Edda und Michael Neumann-Adrian, Michel Rauch, Gudrun Schön, Heinz Tomek und Helmuth Weiß.

**Bei Interesse an digitalen Daten
aus der MERIAN-Kartographie
wenden Sie sich bitte an:**
iPUBLISH GmbH, Abt. Cartography
E-Mail: merianmapbase@ipublish.de
www.merianmapbase.de

**Bei Interesse an Anzeigenschaltung
wenden Sie sich bitte an:**
KV Kommunalverlag GmbH & Co KG
MediaCenterMünchen
Tel. 0 89/92 80 96 - 44
E-Mail: kramer@kommunal-verlag.de

FOTOS
Titelbild: Santorin (R. Jahns/Alamy)
A1PIX/EAB 51; Bildagentur Huber/U. Bernhart 64/65; /J. Huber 8, 52, 63, /S. Lubenow 32/33, /M. Mehlig 106/107; Alamy/R. Cracknell 01/classic 71, /B. Lyons 101, /mediacolors 105, /Pixida 22, /Wilmar Photography 95; blickwinkel/ S. Oehlschlaeger 26; C. Drazos 108; W. Duling 83; S. Grandadam/AGE/f1 online 17; R. Hackenberg 48, 92; laif/A. Back 41, /S. Bungert 36, / M. Dozier/hemis.fr 20/21, /C. Emmler 102, F. Guiziou/hemis.fr 57, /F. Heuer 14, 18, /IML 76, /G. Knechtel 12, /Maravelis/Invision 58, /R. Mattes/Hoa-Qui/Explorer/Eyedea 28, /Polaris 69, /F. Tophoven 88, /S. Zuder 43; gettyimages/ W. Krecichwost 86, /P. Thompson 4/5; H. Müller 34; P. Neusser 10; R. Niemzig/Visum 114/115; M. Pasdzior 76; M. Thomas 58; Transglobe/ Stadler 11; transit/P. Hirth 7; The Travel Library/ S. Black 46; P. Thuysbaert 96

PROGRAMMLEITUNG
Dr. Stefan Rieß
REDAKTION
Simone Lucke
LEKTORAT
Beate Martin
GESTALTUNG
wieschendorf.design, Berlin
MERIAN-QUIZ
Verónica Reisenegger
(Konzept und Idee)
KARTEN
MERIAN-Kartographie
SATZ
Filmsatz Schröter, München
DRUCK
Appl, Wemding
BINDUNG
Auer, Donauwörth
GEDRUCKT AUF
Eurobulk Papier von
der Papier Union

1. Auflage

Mittelmeerkreuzfahrt
Östlicher Teil

MERIAN-Tipps

Tipps und Empfehlungen für Kenner und Individualisten

1 O Tzitzikas kai o Mermingas, Athen
Vollendete griechische Küche zu fairen Preisen serviert »Die Grille und die Ameise« im Zentrum Athens (→ S. 25).

2 Banco n. 10, Venedig
Fantasievolle Kleidung, gefertigt von Insassinnen des Gefängnisses auf der Giudecca-Insel (→ S. 39).

3 Fontanella Tea Gardens, Mdina
Ein Café auf der Stadtmauer mit Panoramblick über halb Malta (→ S. 50).

4 Troubadour Hard Jazz Caffé, Dubrovnik
Der Treffpunkt für Jazzfreunde und Veteranen der örtlichen Kulturszene (→ S. 54).

5 Olive Wood, Athen
Allerlei exklusive Mitbringsel aus dem harten Holz des Ölbaums (→ S. 70).

6 Schmuckdesigner Ilías Lalaoúnis, Rhodos
Edler Schmuck präsentiert sich in Rhodos-Stadt stilvoll in historischem Gemäuer (→ S. 84).

7 Ägyptischer Basar, Istanbul
Wie eh und je werden hier Gewürze, getrocknete Früchte, Rinderschinken, Lokum und Käse verkauft (→ S. 90).

8 Bibliothek, Alexandria
Der futuristische Neubau soll künftig die Heimstatt von 8 Millionen Büchern sein (→ S. 100).

9 Café Fishawi, Kairo
Am Eingang zum Basar Khan el-Khalili findet sich dieses urige Kaffeehaus – der ideale Ort für »Schai« und »Shisha« (→ S. 104).

10 Carob Mill, Limassol
Eine restaurierte Johannisbrotmühle wurde zu einem modernen Kultur- und Restaurantzentrum ausgebaut (→ S. 110).

← MERIAN-TopTen finden Sie auf Seite 1